MÉMOIRES D'ENFANCE

MÉMOIRES D'ENFANCE

Ouvrage collectif publié sous la direction de
CATHERINE ENJOLET

Préface de
CATHERINE ENJOLET

nouvelles

PHÉBUS

Illustration de couverture :
Enfants jouant dans la neige à Central Park, 1958 (détail)

www.phebus-editions.com

Préface

Souvenirs enfouis. Murmures et confidences. Lettres à l'absent. Réminiscences… Les écrivains de *Mémoires d'enfance* relèvent un défi : partager leur émotion d'enfance la plus précieuse, offrir sans réserve au lecteur une clé d'eux-mêmes – intimes fragments de passé qui nous rapprochent de l'écrivain d'aujourd'hui.

Les moments les plus forts, les sensations oubliées ressurgissent. Les auteurs, parmi les plus prestigieux, se livrent, donnent libre cours aux impressions enfouies. Prisme des émotions qui nous déterminent, ce recueil de nouvelles dévoile au lecteur toute la gamme des sentiments et le renvoie ainsi aux pages les plus personnelles de sa propre enfance.

Entre regards pluriels et confessions singulières, auteurs et lecteurs se rapprochent.

Écrire, c'est dire aux autres ce qu'on ne peut pas se dire à soi-même. Le « je » de l'écriture offre le meilleur jeu de cache-cache. Avec l'enfance pourtant on ne joue pas. Les mots savent de nous ce que nous ignorons.

Prendre la plume ? C'est elle qui nous prend. Mène à l'essentiel, à l'origine, à cette « promesse de l'aube » que la vie ne tient jamais.

Écrire pour ses lecteurs, c'est d'abord lire en eux.

Le langage crée le lien entre les hommes.

Taire son enfance ? Mémoire bâillonnée. Bouche cousue. Qu'importe ! Magie de l'écriture ; tous les silences finissent par parler, les mots qui manquent deviennent romans. Reconnaître les non-dits de l'enfance, c'est ouvrir le champ des possibles. C'est changer de regard, de scénario, changer les liens qui nous asservissent, contre ceux qui nous relient. Retrouver les émotions, se reconnaître en l'autre, c'est transformer ce qui nous isole en ce qui nous rassemble.

Des écrivains engagent leur plume.

Pour que toute enfance puisse se dire, se vivre, ils joignent l'action à la parole et soutiennent, ensemble, le développement de la solidarité de proximité en faveur des enfants du bout… *de la rue*. Au-delà des liens du sang, ils participent aux « liens » du « sens » : deux mots clés de la résilience.

Contre le passé sous silence, ils lèvent le voile sur l'indicible, sur ce qu'ils ont parfois de plus cher.

En donnant aux lecteurs, ils s'offrent à eux-mêmes. Pour l'autre, des hommes et des femmes se dépassent, osent.

Chacun fait le cadeau d'une mémoire souvent intime. Les plus émus, même, remercient. Partage inestimable.

Ceux qui ne savent pas donner ne savent pas ce qu'ils perdent[1].

CATHERINE ENJOLET

1. *Ceux qui ne savent pas donner ne savent pas ce qu'ils perdent*, Catherine Enjolet, éditions J.-C. Lattès, 2006.

Dimanches avec mon père

DANIEL ARSAND

Presque chaque dimanche, aux alentours de huit heures du matin, lorsque j'avais quatre, cinq ou six ans, j'escaladais le lit conjugal, me glissais sous le drap et me blottissais contre mon père. Il râlait gentiment : Tu n'es plus un bébé, pour faire ça. Mais, buté, je le faisais tout de même. Je n'étais qu'un enfant assoiffé des histoires qu'il ne manquait pas de me raconter sous le tir de mes questions. Ma mère – Yvonne, que sa parentèle avait surnommée Lily – s'était, dès l'aube, retranchée dans la cuisine. Elle s'accordait toujours, les week-ends comme en semaine, une heure ou deux pour siroter au calme, en solitaire, son bol de café très noir – la pisse d'âne ou le jus de chapeau, très peu pour elle – et surtout engager un dialogue avec elle-même, c'est-à-dire avec ses rêves et sa mémoire. Peut-être alors n'existions-nous plus pour Lily. Peut-être voyageait-elle vers une époque où ni nuit de noces ni enfantement ne s'étaient encore inscrits dans sa vie de femme. Le souvenir d'avoir été jadis une jeune fille nourrissait sans doute ses songes, ce temps où mes maladies infantiles et les soucis professionnels – elle gérait la comptabilité du magasin sur rue et de l'atelier sur cour de mon père : il était tailleur pour hommes, et réputé comme le meilleur de la ville de Roanne – ne bousculaient pas son quotidien. Parmi les odeurs de pain frais, de café, d'eau de Javel d'une cuisine constamment bien entretenue, elle remontait très loin dans son passé qu'une insondable tristesse, puis un sourd et tenace appétit de vivre avaient architecturé et doté de couleurs pour le moins contrastées – le gris bleuté de la mélancolie et le rouge de la conquête de soi, du refus de sombrer. Elle tissait et retissait la toile d'un monde enfui, mal enfoui, d'une douleur coriace toujours maraudant dans son cœur et dans sa chair. Elle brodait sur cette toile des personnages : un pioupiou qu'avait réduit à rien un obus, une folle que la guerre avait rendue putain et alcoolique – ses géniteurs –, un oncle et une tante, ses bons samaritains, qui l'avaient recueillie et choyée, auprès desquels elle avait su qu'une gaieté naturelle triompherait souvent de son chagrin et de ses terreurs. Ce brocard, elle me l'offrirait bientôt, elle me révélerait pan par pan le destin de ses personnages – dieux réduits en poussière ou déchus, ombres béatifiées ou haïes : morts obsédants et danse des morts –, elle me léguerait ce qu'elle avait été et vécu, ce qu'elle espérait ne plus être, elle me dirait simplement : Voilà ma vie, mon chéri. En prononçant ces mots Lily serait lumineuse et étranglée d'émotion. Elle serait la magnifique messagère de ce qui l'avait pétrie, de ce qui la hantait et la stimulait tout à la fois. Elle ne s'autorisait pas cependant à comparer la nuit que fut sa première décennie sur terre avec celle, pleine de tumulte, de peur et de sang, qu'avait connue son époux, son unique amour. Elle avait hautement conscience que l'intensité qui s'en dégageait n'était pas la même, bien que ces deux nuits continuaient à les ravager l'un et l'autre.

Nous n'en étions pas encore là. Nous n'en étions pas encore aux confidences et aux transmissions, quand je me coulais dans la chaleur paternelle, dans la bienfaisante et puritaine onde qui se propageait de ce corps d'homme, ce corps de père, ce corps fatigué et paisible. Je n'ai jamais eu de désir, me semble-t-il, pour le géant que fut papa. Il s'appelait Hagop Arslandjian. Pas si géant que cela d'ailleurs, mais géant malgré tout, car grandi par mon regard de gosse, grandi par le silence qui l'habitait, je veux dire par sa réticence à confier ses blessures, grandi par sa bonté foncière dont jamais il ne se départissait. Elle était pour lui une armure, et cette armure longtemps je l'ai admirée tout autant que détestée. Mais que puis-je affirmer de lui, de moi, de nous ? Ne suis-je pas, hier comme aujourd'hui, une énigme à moi-même ? Nous ne cessons pas de tâtonner en nous, en les autres. Et ce tâtonnement prouve que nous appartenons à l'espèce humaine. Contentons-nous de nous deviner et d'entrevoir ceux qui nous entourent, avançons, titubants, avançons encore et encore, repoussons les frontières visibles et invisibles, passons les seuils, avançons, oui, dans nos empêchements, dans nos éblouissements, dans ce chaos d'immobilité et de remous que nous sommes.

J'étais contre lui, dans sa tiédeur, dans sa douceur, et je le harcelais de questions sur son enfance. Il me répondait. Il s'inventait, et je ne le percevais pas. Mais il me répondait et je le croyais. Il avait vécu de l'âge de sept à seize ans dans une bourgade aux portes de l'Anatolie où sa famille possédait une ferme. Il était arménien et je ne me demandais pas, je ne lui demandais pas ce que signifiait d'être arménien. Une ferme et des bêtes, c'est ce qu'il me disait. Il construisait un conte, sa légende, la peaufinait de dimanche en dimanche, et ce qui se déroulait alors dans ma tête m'ensorcelait. Papa était un prince paysan. Il tutoyait Dieu et vouvoyait les animaux. Parole de père et parole d'évangile. Ses évocations se teintaient de rose et de bleu layette. Mais ai-je tout entendu de ce qu'il me décrivait ? N'ai-je pas négligé un affaissement soudain de la voix ? Quelques mots zébrant ce rose et ce bleu de pourpre ? N'ai-je pas étouffé sous le bonheur d'imaginer une terre promise, un paradis, quelques réflexions laissant entendre que le ciel était sans cesse à l'orage, que du sang imprégnait régulièrement les pastels enchanteurs ? Je n'en sais rien. C'est ainsi.

De son passé dans ce qui fut l'Empire ottoman et sa première patrie il ne m'a jamais dit qu'il avait infusé dans un constant effroi. Pourtant j'avais glané lors de réunions familiales des mots qui éclairaient ce passé : « massacres » et « exil ». C'était murmuré. Et, ce murmure résonnait en moi, à mon insu. J'ignorais le sens de ces mots et n'usais pas encore de dictionnaires qui m'auraient renseigné sur eux. Des ténèbres néanmoins irradiaient au plus secret de moi. Et ces ténèbres devaient plus tard jaillir et incendier.

Notre dialogue dominical se limitait à cela :

Tu avais des moutons ?

Oui.

Tu avais des poules ?

Oui.

Tu avais des chiens ?

Oui.

Et tout un bestiaire y passait. Le cortège des animaux domestiques s'égrenait entre nous, idéalisé, lustré, sans odeur et muet. Je m'en contentais.

Massacres, exil.

Ces mots, sans en avoir conscience, me hersaient, guidaient mes jeux, les orientaient. Je possédais, comme la plupart des garçons de mon âge en ce temps-là, des soldats de plomb et déjà de plastique. Plusieurs Noëls en avaient déposé au pied du sapin. Le jeudi après-midi – puis le mercredi –, j'orchestrais une scène, qui variait peu, non pas de bataille mais de sauve-qui-peut. Chevaliers teutoniques, cavaliers de guerres en dentelles, fantassins de 14-18, spahis et dragons approchaient, belliqueux, cruels, d'une ferme – autre cadeau de Noëls, avec ses habitants et son cheptel –, la même, j'en étais persuadé, que celle que me décrivait papa. Devant sa façade ornée d'une glycine se rassemblaient, terrorisés, les fermiers, leurs employés et leurs troupeaux – veau, vache, cochons, couvée –, encadrés par des Indiens évidemment emplumés et demi-nus, qui allaient les aider à fuir l'armée ennemie. L'Indien – et j'avais déjà assisté à la projection de westerns proposant une lecture qui remettait les pendules à l'heure – n'avait rien à attendre de bon d'hommes en uniformes et maniant à la perfection l'arme à feu. L'Indien dans ma cervelle de gosse s'apparentait à un ange protecteur. Grâce à lui les bouseux magnifiques échapperaient au pire. Toujours. Il n'y avait pas curée. Je refusais le massacre. J'étais une divinité compatissante. J'étais surtout moi, un petit garçon qui portait dans tout son être le silence d'un père sur son passé, un silence d'où s'ébruitait une histoire de haine et de mort, au cœur duquel brillaient ces deux mots : massacres et exil. Je savais et ne savais pas que je savais.

Mais revenons à ces dimanches où dans la chaleur de mon père j'écoutais ses histoires. Maman déboulait dans la chambre, élégante même en peignoir et pantoufles, souriante, avec ce je-ne-sais-quoi de suspicion dans les prunelles – de quoi avions-nous parlé ? Quelles bêtises son homme me racontait-il ? Qu'est-ce qui se tramait loin d'elle ? –, elle nous houspillait, tendrement : C'est l'heure de se lever. Et nous nous levions. Je quittais le lit le premier, repoussant le drap d'un geste décidé – je m'enorgueillissais de me soumettre à l'ordre maternel – et le drap ainsi rejeté découvrait un bref instant la hanche nue de mon père – il ramenait très vite le drap sur lui. C'était étrange. Chez nous, on ne dormait pas nu. Je ne dormais pas nu. Et soudain je savais sans savoir que je savais ce dont la nuit avait été témoin, ce qui s'était passé entre mes parents. Adulte, entre ma nudité et celle d'un de mes amants s'interposait parfois la vision de cette hanche nue qui me disait que toute chair était interdite. J'arrive à croire que si je ne désirais pas mon père cette absence de désir rejoignait un vieux fond chrétien où la chair est méprisable et méprisée. Il m'a fallu des années avant que cette vision ne ressurgisse plus au moment d'une étreinte. J'aime faire l'amour, et m'ennuie qu'un tiers venu de l'inconscient joue les pères Fouettards.

Digression.
Ou pas vraiment.
Corps du texte simplement en dérive.

Je ne fus plus un enfant. J'eus sept, huit, neuf ans, puis dix, onze, douze. J'entrai en adolescence. Je devins un petit homme oscillant sans cesse entre le repliement forcené, névrotique sur soi et le besoin frénétique d'explorer le monde extérieur, ses plages, ses arcanes, ses enfers, ses splendeurs. Je lorgnais les grands, je buvais à distance la beauté de certains, je les draguais sans le savoir. Pour contrôler cette exubérance et adoucir mon attente d'une sexualité partagée je me mis à lire, beaucoup. Devant cette attente qui se prolongeait et me désespérait la lecture se fit bastion et plaine infinie et océan et archipel, elle me parut alors comme la réalité la plus stable, la moins décevante aussi. Il m'arriva cependant de poser le livre en cours pour lever les yeux sur un garçon et même pour m'en aller le rejoindre, pour me satisfaire de frôlements.

Il n'y avait pas à proprement parlé de bibliothèque chez mes parents. Pas de meuble portant ce nom. Pas d'étagères tapissant l'angle d'une pièce ou un mur. Les livres s'égayaient dans l'appartement. Ils étaient partout. Dans des placards, sur une table, dans un bahut. Ils vous donnaient partout rendez-vous. Ils étaient là, se rappelant à tout instant à votre attention. Ni mon père ni ma mère ne me refusèrent la lecture d'un ouvrage. Aucun livre à leurs yeux n'était malfaisant. Et si je ne comprenais celui-ci ou celui-là, eh bien! je ne le comprenais pas, inutile d'en faire un plat. Toute histoire avait pour moi sa beauté. Qui m'aspirait. Qui m'enchantait. Un jour, je dénichai dans un placard du vestibule un bouquin épais, aux feuilles jaunies, à la couverture en ruine. C'était une histoire des Arméniens. Je m'en emparai, je ne pipai mot à personne de ma découverte. Parce que je devinais que cette histoire n'avait pas été que lit de roses et pastorale ? Pour vérifier que la vérité sort toujours de la bouche des pères ? Parce que je savais sans savoir que je savais et qu'était venu le moment de savoir tout bêtement ? Parce que « massacres » et « exil » ne devaient plus être des mots mais une histoire, celle d'un peuple ? Toutes ces questions n'en formaient en somme que deux : Qu'est-ce que c'est qu'être arménien ? Qui est mon père ?

Que deux ou plutôt trois : Qui suis-je ?

Pourtant j'ignorais encore que j'aspirais à saisir de quels matériaux j'étais constitué.

Je lus donc le livre.

Je mens.

C'était une façon comme une autre de me réapproprier ce qui a été.

Je mens. En jetant avec précipitation et exaltation des mots et des souvenirs sur le papier, des souvenirs tronqués, hachés, à moitié vrais, à moitié faux, mais les miens. D'ailleurs, je me fous du vrai comme du faux, car quelque chose les lézarde et les envahit et les morcelle, qui me suffoque d'amertume, de joie et du désir de cracher tout le morceau. Et une fois pour toutes. Un morceau voué à ne surgir qu'en éclats de granit et de quartz. Une sorte de sincérité. Mais qu'est-ce que la sincérité ? En existe-t-il même une définition exacte ? Peut-il en être ainsi ? Peut-il même exister une définition valable, absolue pour chaque mot prononcé ou écrit, pour chaque mot d'une langue, qu'elle soit la nôtre ou sa cousine ?

Je mens, oui.

Je n'ai pas lu le livre sur le champ.

En son milieu, des photos. Floues : crayeuses ou charbonneuses. Qui laissaient entrevoir plus qu'elles ne montraient la gloire ou l'horreur, et le quotidien de ces deux-là.

Des citadelles dont le moucheté, le brouillé et l'enfumé des clichés traduisaient mal les ruines – des ruines plutôt moches, des éboulis cernés de quelques vieux murs –, rendaient difficilement justice à l'héroïsme et la splendeur des princes et des rois arméniens de la Petite Cilicie.

Des vues de quartiers arméniens – Constantinople ou Adana, qu'importe – misérables ou qui paraissaient l'être, mornes, avec leurs passants et leurs marchands. Indigence et poussière comme des sceaux.

Des reproductions d'icônes tremblées, ensuifées, où Dieu et ses saints étaient figés dans une gravité morose.

Et enfin, le choc : les massacres perpétrés par Turcs et Kurdes. Femmes éventrées, enfants squelettiques, charognes pendues à des branches, défilés d'êtres faméliques, hagards, asexués par leurs innombrables souffrances, désespérés, troupeau de moribonds qui sera bientôt abattu au bord d'une route.

Il y avait eu un génocide.

À douze ans je savais ce qu'était un génocide.

Mais on ne m'avait pas dit qu'il y avait eu un génocide arménien.

Et mon père était arménien.

J'étais français, ma mère était française, et mon père naturalisé français.

J'étais soudain d'ici et à jamais, et j'étais de là-bas et à jamais.

C'était ainsi.

Il n'y aurait plus de retour en arrière, à l'époque où mon père me disait : Nous avions une ferme et nous étions heureux.

Je lus le livre. Et maintenant je ne mens pas. Je le lus de la première à la dernière page, notes en fin de chapitres comprises.

En cachette, instinctivement.

L'incommunicable brusquement faisant irruption dans ma vie.

Tout savoir, et donc tout lire, avant de pouvoir parler et questionner.

Je lus d'un peuple sa grandeur, l'apogée de sa gloire, son esclavage, son naufrage, sa résurrection.

Je lus son rayonnement pendant des siècles sur ce qui est aujourd'hui la Turquie, et je m'enorgueillissais. N'étais-je pas arménien? N'étais-je pas le fils de mon père?

Mais j'appartenais aussi à un peuple qui avait été vaincu, qui privilégiait le spirituel au terrestre, du moins qui le proclamait, haut et fort, et parfois très bas, quand sous le joug d'envahisseurs successifs.

Une civilisation fleurissait sous mes yeux.

Son zénith et son crépuscule.

Et puis je lus les massacres commandités par les jeunes Turcs à Adana, en 1909.

Mon père était né en décembre de cette même année.

Qu'en sut-il de ces massacres ?

En sut-il même quelque chose ?

Et je parvins à ce mois d'avril 1915 pendant lequel on assassina tous les intellectuels arméniens, toutes les forces pensantes d'un peuple.

Et je lus la peur des rescapés, de leurs familles, de ces innombrables terrifiés qui se terraient dans les campagnes. Je lus la fuite hors des villes, les malades, les morts, la vie qui continue. Survivre comme une nécessité et un défi.

Je lus et je compris comment dans ce chaos sanglant mon père et les siens avaient pu vivre le paradis.

Mon père m'avait menti.

C'est ce que je me suis dit.

Comment un père peut-il mentir à son fils ?

Et s'il ment peut-il encore être un père pour son fils, qui, lui, reste un fils ?

Je me refusais à comprendre qu'il m'avait menti par omission, par incapacité à dire ce qui avait été, ce qu'il avait vu et éprouvé.

Par incapacité à transmettre l'horreur.

Par volonté de ne meubler mon imaginaire que de scènes bucoliques.

Oui, par refus de dire. Se souvenir et se taire, ne pas communiquer à son enfant l'intenable, l'insondable, oh ! mon père qui avait tant voulu m'épargner et qui avait échoué et que j'accusais de mensonge.

Il m'a interdit par amour sa mémoire pavée d'horreurs.

Il me l'a jusqu'à sa mort interdite.

Et j'ai connu une violente solitude. Je fus seul avec ce mensonge que je lui reprochais et qui n'en était pas un. Seul avec ce qu'il ne m'avait dit, seul et pour longtemps.

Je suis encore aujourd'hui seul avec son silence et toute la douleur incluse dans son silence.

Je suis lié à toi par ton silence.

Un jour, j'écrirai ce que tu ne m'as pas confié.

À un père composé de mutisme je répondrai par un fils qui n'en finira pas de parler, d'inventer et de ressusciter.

Je serai donc ce que tu n'as pu être.

Écrire ce texte est ma façon de te dire que je respecte désormais ton silence, qu'il m'est intelligible.

J'avais lu, j'avais terminé l'ouvrage incandescent.

J'attendis des semaines avant de lui avouer que je l'avais lu, de lui avouer dans le ressentiment, la colère et l'incompréhension, tout ce qui dorénavant nous séparait.

Ou plutôt tout ce qui me séparait de lui.

Pour un enfant, pour un adolescent, il n'y a pas de mensonge par omission, par souffrance.

Il y a mensonge, et c'est tout.

Un dimanche, mais cette fois-ci ce fut au salon, je lui ai dit : J'ai lu le livre sur les Arméniens. Il a alors aussitôt pâli. Sa douceur légendaire s'est fossilisée. En lui, une terreur, sans doute, en lui, un effondrement, en lui, tant d'efforts pour travestir son passé anéantis. Je lui ai demandé tout de go ce qui s'était passé, vraiment, pour lui, pour sa famille. Il s'est crispé. Il s'est enfermé en lui-même, il fut l'homme que je n'avais encore jamais perçu : du marbre, de l'agressivité rentrée, de la souffrance retenue, et derrière tout cela, de l'atroce et de l'inouï.

Un homme dont la mémoire était un enfer.

Et cet enfer une nuit dans laquelle il ne voulait pas sombrer.

Mais je fus implacable et con.

Que pouvais-je être d'autre ?

Je voulais que par une confession mon père abolisse ou tout au moins efface son mensonge. Le ton que j'employai pour le questionner était acerbe.

Je fus un sale petit tortionnaire de merde.

Il me répondit, quoi ?

Rien ou très peu.

Je ne me souviens pas de ce qu'il m'a dit.

Très peu, oui, très peu, ou rien.

Ce peu, si peu il y a eu, dut être fragmenté ou sibyllin.

Qu'y avait-il à ajouter à ce que je savais déjà, dut-il penser.

Mais si je savais l'histoire de son peuple, je ne savais rien de lui.

S'il m'avait dit plus que ce rien ou ce très peu, m'en serais-je souvenu ?

Et j'ai glapi : Tu m'as menti !

J'ai glapi et jappé, bien que face à moi j'avais un homme intensément malheureux.

Cet homme était mon père.

Et parce qu'il était mon père je fus sans pitié.

Je l'ai haï pour son silence.

J'ai passé outre sa douleur.

J'ai redit : Tu m'as menti !

C'est alors que ma mère est intervenue.

Elle parlait et lui se taisait.

Plus tard il te racontera.

Furieux, je me suis retiré dans ma chambre.

Je l'ai haï longtemps pour son silence, mais aussi pour ce que je nommais sa lâcheté.

C'est ma mère qui m'a raconté.

La décapitation à la hache de mon arrière-grand-père et de mon grand-père.

La vie dans une province reculée, la vie baignant dans la crainte du pire.

L'exil et le désespoir qu'il inscrit en un être.

Je sus, donc. Mais des lèvres maternelles. Pas des siennes.

Et j'espérais si intensément qu'il soit de nouveau mon père, un homme qui dit la vérité.

Il m'a fallu atteindre l'âge de vingt-sept ans pour que j'accepte son silence, pour que j'en saisisse la raison – il ne pouvait tout simplement évoquer l'enfer –, pour m'abandonner de nouveau à son amour, à sa tendresse, à son indulgence, pour que nous puissions avoir des conversations aussi légères que nourrissantes, parce que nous étions ensemble et que je recommençais à l'aimer.

Mon père est mort le 21 janvier 1980, d'un infarctus. Il n'y eut pas d'adieux entre nous. Je ne l'ai pas veillé. Mais il est le seul de mes morts dont j'entends encore la voix.

Premier amour d'hiver

DENISE BOMBARDIER

J'avais onze ans. Il s'appelait Normand. Il avait été choisi pour être à mes côtés durant la cérémonie de la communion solennelle alors que je réciterais à voix haute dans la grande église paroissiale l'Acte de consécration, renouvellement des promesses du baptême. Il devait mettre la main sur l'Évangile pendant qu'au nom de mes camarades, robe blanche et voile pour les filles, costume marine pour les garçons avec brassard doré au bras gauche, je prononçais les paroles sacrées. Il a oublié de poser la main sur le livre saint et je compris que ma présence à son côté l'impressionnait davantage que la responsabilité qu'on lui avait confiée de légitimer notre appartenance collective à l'Église catholique; sa timidité m'intimidait et m'attirait en même temps. Nos camarades de classe en conclurent que nous formions un couple et ils se riaient de nous. La cérémonie religieuse s'était déroulée en mai, j'attendis de ses nouvelles tout le mois de juin. En vain. Je pensai à lui tout l'été et tout l'automne suivants. Au mois de décembre, un samedi matin, il me fit signe par un émissaire qui se présenta à ma porte. Il s'appelait Claude Beausoleil, avait onze ans et demi et informa ma mère qui lui ouvrit qu'il venait « de la part de M. Rondeau » qui souhaitait me voir. Amusée et charmée, ma mère me transmit le message. Je retrouvai l'émissaire au bas de l'escalier et il me pria de l'accompagner jusqu'au restaurant du coin où mon timide m'attendait, ses patins à glace sur l'épaule. «Veux-tu venir patiner au parc avec moi ? » demanda-t-il sans oser me regarder dans les yeux. « Je vais demander à ma mère », répondis-je, sachant que peu importait sa décision, je l'accompagnerais.

« Monsieur » Beausoleil, comme il s'était présenté à ma mère, se joignit à nous jusqu'à la patinoire puis s'éclipsa. Après avoir chaussé nos patins, nous nous sommes retrouvés sur la glace. Il me tendit la main et j'éprouvai ma première brûlure amoureuse. Malgré nos gants fourrés, je sentais sa peau. Je connus l'extase lorsqu'après quelques tours de piste il abandonna ma main pour entourer ma taille de son bras. La brûlure s'intensifia et, malgré le froid transperçant, nous avons patiné ce qui me parut des heures en harmonie parfaite, bercés par la musique de valse qui présidait toujours à cette activité hivernale. J'avais les doigts de pieds engourdis, les mains gelées, le nez insensible, mais pour rien au monde je n'aurais pris l'initiative de rompre cet enchaînement. Je crois encore qu'il a fait exprès de donner un coup de patin latéral pour entraîner notre chute commune. En tombant sur moi, il a effleuré mes lèvres. Ce fut le baiser le plus enflammé de tous les hivers de ma vie.

Trois nuits[1]…

Jean-Denis Bredin

I

J'ai six ans, peut-être sept, je suis sans doute guetté par l'âge de raison. Quand vient la nuit, commence une autre vie. À 20 heures 15, je dois avoir achevé ma toilette, mis mon pyjama, fait ma prière à genoux au bord de mon lit ; je dois m'être couché, avoir éteint ma petite lampe, avoir fermé les yeux pour attendre la visite de mon père. Un jugement de divorce m'a, paraît-il, confié à sa garde ; je vis chez lui, avec lui. Ma mère, je la vois le jeudi, mais je ne dors jamais chez elle ; dormir est pour un enfant un acte grave que seul mon père a le droit de gérer.

1. Ces trois nuits, je les ai déjà évoquées dans un petit livre sur mon enfance que j'ai publié aux éditions Grasset en 2008, sous le titre *Trop bien élevé*. J'ai tenté ici d'approfondir le souvenir de ces nuits, ces nuits paisibles ou terribles, celles d'un « enfant » de sept ans, de dix ans, de treize ans.

Papa entre dans ma chambre à 20 heures 20, parfois avec deux minutes d'avance, mais sans jamais une minute de retard. Il m'embrasse sur le front, deux fois, il me tient la main pour tâter mon pouls, il me demande si tout va bien, si j'ai parfaitement préparé la journée qui vient, il éloigne mon ours que je couche souvent trop près de moi. Après quoi il va jusqu'à la fenêtre pour s'assurer qu'elle est parfaitement fermée. Puis il regarde le dessous de la porte pour vérifier qu'aucune lumière ne passera : car un enfant ne doit dormir que dans la nuit noire, et la moindre source de lumière risque de porter le désordre. Il m'embrasse une dernière fois, il me dit d'une voix absente ces mots, toujours les mêmes : « Dors bien, fais de beaux rêves. » Je sais que je ne dois pas répondre. Papa ouvre doucement la porte, la passe, la referme, il va dîner. Son couvert est mis dans la salle à manger, et la cuisinière lui portera son repas, toujours le même ou presque ; je n'ai jamais dîné avec lui. Toutes les précautions sont prises pour que je n'entende aucun bruit. Déjà je devrais dormir. Je murmure : « Bonne nuit papa » d'une voix que seul mon ours peut entendre. Ma nuit est commencée.

Elle est si noire, si silencieuse, que rien, jamais, ne vient la déranger. Précipitamment, je me récite un ou deux poèmes, appris hier ou aujourd'hui, car ma gouvernante me recommande cet exercice de mémoire dont elle n'a pas osé parler à mon père qui, peut-être, n'admettrait pas que le travail risquât de troubler le sommeil. Après quoi je regarde la nuit. S'approchent de mon lit des tas de personnages, très grands, très maigres, qui n'ont ni bras ni jambes et ne cessent de passer les uns sur les autres, ou les uns dans les autres. Ils vont dans tous les sens, viennent à mon lit, disparaissent s'ils s'approchent trop et risquent de m'atteindre. Ils ressemblent à des algues, à des pieuvres ; je ne sais ce qu'ils veulent, ce qu'ils font. Je sais qu'ils s'en iront quand le sommeil me prendra, qu'ils reviendront si je me réveille dans la nuit. Bien sûr ils me laissent rêver. De mes rêves je ne sais plus rien. J'y retrouvais les personnes que j'aimais, ma mère, mes sœurs, mon père, mon institutrice, mes grands-parents, et aussi des quantités d'oncles et de tantes. Que se disaient-ils ? Que faisaient-ils ? Le plus souvent ils étaient gentils avec moi, mais toujours ils me parlaient de mon travail, parfois ils me disaient que je ne travaillais pas assez bien, que je devrais mériter de meilleures notes au cours Hattemer où j'allais une fois par semaine. Parfois venaient même des cris, et des claques ; je me défendais en pleurant, et soudain je me réveillais.

Je ne cessais alors de regarder ma petite pendule, l'aiguille des heures qui n'avançait pas, et surtout la grande aiguille qui n'arrêtait pas de tourner, de me rappeler que le temps passait très vite. Je ne sais trop comment je me rendormais. C'est à 7 heures du matin précisément que ma gouvernante venait prendre livraison de moi. Elle savait que je l'attendais, que je m'étais préparé, que j'avais récité une ou deux leçons, que j'avais murmuré, encore couché, quelques mots de prières. Elle entrait très doucement dans ma chambre, elle allumait la petite lampe qui avait dormi près de moi, elle m'embrassait une fois sur chaque joue, puis elle m'aidait à me lever. «As-tu bien dormi?» me disait-elle. Elle savait que je lui répondrai d'un grand sourire, toujours le même, un sourire qui devrait lui dire que j'avais très bien dormi, forcément bien dormi. Avait-elle bien dormi? Je n'osais, évidemment, le lui demander. Avait-elle fait de beaux rêves? Elle me conduisait à mon petit cabinet de toilette où je faisais tout ce que je devais faire, selon un ordre immuable. Derrière la porte elle m'attendait, écoutant les bruits qui lui disaient à chaque instant que tout allait bien. Alors elle m'emmenait dans la salle à manger où nous attendaient les deux tasses et les deux assiettes qu'avait préparées puis installées la cuisinière, toujours les mêmes. Nous ne disions pas un mot pendant le petit déjeuner, rituel préambule au travail. Papa était déjà parti : il gérait, loin dans Paris, une affaire familiale de machines à coudre. Eût-il été présent, il serait resté enfermé dans sa chambre. Il n'eût pas été question que nous partagions un petit déjeuner, ce qui se faisait peut-être dans d'autres familles où l'on ne redoutait pas le ridicule. « Retourne dans ta chambre, me disait ma gouvernante, et prépare-toi. » Je savais qu'à 7 heures 45 exactement nous nous retrouverions assis à cette table débarrassée des assiettes, des tasses, des miettes, et revêtue d'une nappe rouge foncé. Viendrait le temps du travail, le seul temps important de la vie. Debout, les bras croisés, je réciterais l'un des six poèmes appris durant la semaine passée, celui que mon institutrice choisirait. Puis je m'assiérais. Alors elle me lirait un texte, un très beau texte, librement choisi par elle, et m'ordonnerait, finie la lecture, d'en rechercher avec elle l'auteur. 8 heures déjà ! Nous travaillions.

II

J'approchai de mon dixième anniversaire, quand mon père est mort, le 10 mai 1939, en quelques heures, sans déranger personne ainsi qu'il avait toujours vécu. L'un de mes oncles, tout vêtu de noir, vint me voir, me prit dans ses bras, m'annonça la triste nouvelle : mon père était mort avant-hier, il avait été enterré ce matin même. On avait décidé de ne pas faire venir les enfants. J'irais donc vivre chez ma mère, là-bas, mais je ne pourrais jamais perdre le souvenir de mon père, un homme de devoir et de vertu, ce que je devrais tenter de devenir à mon tour. En fin d'après-midi, ma mère vint me chercher. La gouvernante avait fait mes deux valises, la valise de mes vêtements et la valise de mon travail. « Embrasse mademoiselle » me dit ma mère ; je compris que ma gouvernante ne viendrait pas avec nous. Je restai un long moment dans ses bras, pour lui dire adieu. Ce n'était pas possible que je fusse sans elle ! Maman me rassura. « Bien sûr vous vous reverrez… », et elle m'emmena. Une autre vie commençait. J'allais retrouver ma sœur qui vivait chez ma mère remariée, dans un vieil et superbe hôtel du Marais dont maman avait hérité. Ni papa, ni ma gouvernante ne seraient plus jamais là. Je devrais, un an durant, être habillé tout de noir, et rester triste, comme il convenait.

Nous étions en vacances, mes sœurs et moi, dans le château qui servait à ma mère de maison de campagne, quand vinrent la guerre en septembre 1939, la victoire allemande, l'invasion de la France, et bientôt, en juin 1940, la menace de l'occupation de Paris. Il fallait partir très vite, se réfugier dans le sud de la France, le plus loin qu'il se pouvait, attendre là-bas que viennent des temps moins tragiques. Chez ma mère, les tâches domestiques incombaient à un couple très dévoué, cuisinière et valet de chambre, prêts à rendre tous les services. Ils proposèrent à maman que nous allions nous réfugier dans le Gers chez les parents de notre cuisinière, vieux fermiers toujours au travail qui seraient tant heureux, et fiers, de nous accueillir, de nous aider, jours et nuits, à passer ces temps affreux. Nous prîmes précipitamment, ma mère, mes sœurs et moi, le train pour ce pays dont nous ne savions rien. Nous voici donc près de Condom, trouvant refuge chez les parents de nos domestiques. Maman paraît rassurée. Moi je me sens honteux de tant déranger ces personnes trop dévouées, trop gentilles, dont la vie sera désormais suspendue à la nôtre. Je ne cesserai de sourire, de m'excuser à tout moment, de m'incliner, de dire merci. Mon père m'avait enseigné que l'on ne devait jamais importuner quiconque : or je découvre un autre monde, qui m'épouvante. Le couple des vieux fermiers a abandonné sa chambre, le beau lit, les meubles qu'ils avaient achetés dans un grand magasin, le cabinet de toilette, tout pour que ma mère fût aussi bien que possible : eux ils iront se coucher dans un pauvre bâtiment extérieur où ils ont installé, par terre, un vieux matelas. Maman a décidé de me prendre dans son lit; mes deux sœurs dormiront dans une petite chambre voisine. Ainsi commence pour moi une aventure merveilleuse et terrible que je ne pouvais imaginer : je vais me coucher dans le lit de ma mère.

Dès la première nuit, je ne sais comment bien me conduire. Je me blottis évidemment sur le bord du lit pour être sûr de ne pas déranger maman. J'attends.

Je voudrais veiller sur elle, faire en sorte que tout lui convienne. Je voudrais aussi qu'elle néglige ma présence, je voudrais qu'elle soit libre, heureuse même s'il ne pouvait, en tout cas moins malheureuse qu'elle ne me semble. Car je suis préoccupé. Je lui trouve les traits tirés, les yeux toujours humides comme s'ils étaient prêts à pleurer. Sa voix me semble un peu tremblante. Pense-t-elle à son mari, officier mobilisé, dont elle a fort peu de nouvelles ? A-t-elle des chagrins secrets venus de sa vie dont je ne sais rien ? Est-ce ma présence dans ce grand lit qui lui pose problème ? Je regarde mon réveil, je ne cesse jamais de le regarder. Il est 21 heures. Maman vient m'embrasser tendrement, elle me dit « Dors bien et surtout ne m'attends pas. » Je sais que je ne m'endormirai pas avant plusieurs heures, que l'inquiétude me tiendra, mais, bien sûr, je ferai semblant de dormir. J'écoute la très longue toilette de maman. L'eau ne cesse de couler du robinet qu'elle a sans doute décidé de laisser ouvert pour couvrir tous les autres bruits. Je m'inquiète, je me rassure, je voudrais savoir ce qu'elle fait, sans jamais rien lui demander. Lit-elle ? Écrit-elle ? Cela ne doit pas me regarder. Mais je n'y peux rien si elle est devenue mon enfant. Cette vie secrète, dans ce cabinet de toilette, me tourmente. Une ou deux heures ont passé quand elle vient enfin se glisser dans nos draps. Elle entend ma respiration régulière, tranquille : elle imagine que je dors. Elle laisse allumée, près d'elle, une petite lampe comme si la nuit lui faisait peur. Parfois elle lit. Elle sait pourtant que je ne peux pas dormir si la moindre lumière habite la chambre. Mais qu'importe ! Je l'entends qui s'endort. Je resterai éveillé, un long temps, pour m'assurer qu'elle ne se réveille pas, que peut-être elle fait de beaux rêves. Alors je pourrai sans doute m'endormir. Mais la lumière de la lune entre les volets, puis celle du petit jour, et celle de la lampe que maman a oublié d'éteindre, tout est assemblé pour que je continue à veiller. Mes personnages étranges d'autrefois ne viennent plus jamais me voir, et de mes rêves, s'il en passe encore, je ne me souviens pas. J'ai onze ans, et je ne suis pas sûr d'être encore un enfant.

III

En octobre 1940, nous voici revenus à Paris, en zone «occupée» par les Allemands, pour tenter de reprendre une vie normale. Nous vivons, ma mère, son mari, mes sœurs et moi, au cœur du «quartier juif» comme on disait alors, dans ce vieil hôtel particulier qu'avait acheté et restauré ma grand-mère. Beaumarchais y avait, paraît-il, vécu. Inscrit au lycée Charlemagne où je m'applique à bien travailler, je traverse quatre fois par jour ces rues étroites et tristes où vivent, ou essaient de vivre, beaucoup de Juifs inquiets, souffrants, qui ne savent ce que sera chaque lendemain. Un dimanche matin, ce fut je crois le 7 juin 1942, l'étoile jaune a surgi : il était désormais interdit aux Juifs «dès l'âge de six ans révolus» de paraître en public sans porter l'étoile. Dans notre quartier, les étoiles jaunes semblent devenir innombrables. Au lycée, dans ma classe, plus de la moitié de mes camarades ont dû la coudre sur leur vêtement.

Le jour, je ne fais que travailler, obéir, me bien tenir, faire tout ce que l'on attend de moi. C'est la nuit que la vie commence, à l'heure où je dois être enfermé dans ma chambre pour préparer le lendemain. Je commence par réciter mes leçons, trois fois par précaution. Puis je m'applique à écrire un morceau de poème, quatre vers, pas davantage : cela suffira, m'avait dit mon professeur de lettres, pour que j'essaie d'imiter Rimbaud. Mes quatre vers je me les récite, je change quelques mots pour qu'ils deviennent un peu moins mauvais. Je devrais alors dormir : ma mère et mes professeurs me l'eussent commandé. Mais j'ai treize ans maintenant, et je sais qu'heureusement personne ne s'occupe plus de ma nuit : seulement dois-je ne faire aucun bruit, n'éclairer ma chambre d'aucune lumière anormale, ce à quoi je veille évidemment.

J'ouvre ma fenêtre, je regarde la rue Vieille-du-Temple. Elle se sent menacée, elle ne dort pas sans doute, mais elle fait semblant de dormir. Parfois je descends silencieusement l'escalier, sans quitter mes chaussons pour que nul ne risque de m'entendre. Je vais faire quelques pas dans la rue. Les lumières sont très rares, la rue paraît déserte. Je sais que notre quartier est inquiet, que beaucoup voudraient partir aujourd'hui, demain, et qu'ils ne le pourront pas. Je remonte dans ma chambre, je récite de nouveau une ou deux leçons. À mon tour je vais feindre de dormir.

Viendront, peu à peu, des nuits terribles. J'entendrai le bruit incessant des voitures qui se rangeront à la file, tout au long de la rue. J'entendrai des cris, j'ouvrirai ma fenêtre. Je verrai des hommes monter dans les voitures qui leur sont réservées, des femmes se débattre, pleurer tandis qu'on les sépare de leurs enfants, ceux-ci tirés par les bras, hissés à leur tour dans les véhicules qui leur sont attribués. Je n'entends plus que des pleurs, des gémissements, et le bruit sinistre des voitures qui viennent et s'en vont. Tous ces gens que l'on arrache les uns aux autres ne se reverront sans doute pas. J'ai honte d'être à ma fenêtre, spectateur protégé, incapable de rien faire, sauf de déchirer son poème et d'attendre le sommeil, le sommeil qui ne viendra pas. Peu à peu les voitures s'en sont allées, les cris se sont perdus. La rue Vieille-du-Temple redevient apparemment silencieuse et déserte, comme s'il ne s'était rien passé. Je ferme ma fenêtre. J'attendrai le matin. Peut-être dormirai-je un peu, sans le savoir.

Pourquoi me racontent-ils, ces adultes qui ont la gentillesse de m'entourer, que je suis un enfant ? Parce que je porte des culottes courtes ? Parce que j'apprends mes leçons ? Parce que je dois obéir, toujours obéir, et ne jamais décevoir les grandes personnes qui m'éduquent et me veulent du bien ? Chaque semaine, ou presque, au lycée, il manque à l'appel un de nos camarades de classe. Est-il parti, s'il l'a pu ? A-t-il été arrêté, emmené cette nuit ? Nous ne le saurons pas. Comme nos professeurs, nous gardons les yeux baissés. Non, nous ne sommes plus des enfants.

Le Majeur droit

Jeanne Cordelier

Ma jeunesse ne fut qu'un ténébreux orage,
Traversé çà et là par de brillants soleils ;
Le tonnerre et la pluie ont fait un tel ravage,
Qu'il reste en mon jardin bien peu de fruits vermeils.

CHARLES BAUDELAIRE, *L'Ennemi.*

À Jan

Après plusieurs jours de pluie, profitant d'une embellie, quel enfant n'a pas rêvé sortir de chez lui pour aller jouer dehors à la marelle ou au cerceau, au ballon, aux billes, que sais-je… Il est prêt, son cœur est joyeux, quand voilà que soudain le ciel de nouveau s'assombrit, que le gris en dilue le bleu et que sans tarder menaçants, poussés par un vent fou, s'avancent de gros nuages noirs. Et la nuit tombe dans un bruit de tonnerre sur l'enfant qu'est en train de violer son père. L'enfant tente bien d'allumer la lumière, mais les ampoules ont été confisquées, ainsi que les lampes de poche, les bougies et les allumettes, même les flammes bleutées, mêlées de jaune, de la cuisinière à gaz, ces iris de feu, n'éclairent plus. C'est bien la nuit, une nuit d'effroi, où seul brillent les yeux du père. Régulièrement de grands éclairs blancs la percent cette nuit. C'est quand le père jouit, s'ensuit une pluie laiteuse qui baigne l'enfant, avec, le père la lave. Une petite fille se doit d'être propre et muette, sinon elle sait ce qui l'attend.

Elle sait, elle a déjà éprouvé le supplice du collier des mains de son père autour de son cou. Mais à qui craint-il qu'elle parle dans la nuit où il l'a cloîtrée ? Aux murs dont on dit qu'ils ont des oreilles ? L'enfant ne leur parle pas, plutôt elle s'y cogne la tête, et cela fait un vacarme assourdissant que personne n'entend. Le monde qui l'entoure est sourd, sourd et aveugle, pétri d'hypocrisie. Lâche. Consentant.

Que ce soit à l'école, au patro, en colo, en prévent, au bistro que fréquentent les parents, tout le monde porte des œillères. Même l'assistante sociale qui fourre pourtant son nez partout, sauf là où il faut. Personne ne veut rien voir, ça dérange. Et comme dans le fond ils n'aiment pas être complices passifs du crime qui se déroule sous leurs yeux, ils les baissent. Ils marchent le regard fixé sur la pointe de leurs souliers. Péteux, ils vont vers leur pauvre bien-être, leurs petites habitudes, que pour rien au monde il ne faudrait déranger. La veulerie les habille et c'est avec ces habits-là qu'ils vont à la messe du dimanche afin de se donner bonne conscience.

La petite fille sait tout ça et c'est pour cette raison qu'elle ne se rebelle pas encore, docile en apparence, elle se soumet à la nuit imposée, en attendant le jour où à la place du foutre de son père la baignera la lumière des sunlights. Elle rêve de devenir quelqu'un, quoi, elle ne le sait pas, mais quelqu'un.

Dans cette nuit où rien d'autre ne brille que l'espoir et le regard lubrique du père, il arrive à la mère de passer en proférant des propos orduriers à l'égard de l'enfant. Il lui arrive aussi de s'arrêter et là les coups pleuvent, coups de ceinture, de balai, gifles cinglantes comme le vent d'hiver. Coups de pied.

Ma mère était une impérieuse, rien ne devait lui résister. Il fallait qu'elle brise, qu'elle détruise, c'est ce qui la faisait bander. Elle était Attila, là où elle passait l'herbe ne repoussait pas. Et les larmes versées par l'enfant, si abondantes fussent-elles, étaient sans effet sur la terre foulée par la mère. Le travail de démolition s'est fait de concert. C'était entre mes parents une entente tacite. Elle cognait, insultait, il violait. Ainsi quand elle rentrait de ses virées nocturnes, elle, à qui il répugnait que son mari la touche, et ce à ses dires depuis toujours, pouvait peinardement se glisser entre les draps, sachant qu'il avait ses couilles vides.

Comme chacun de nous, des émotions d'enfance j'en ai à la pelle, mais sans conteste celle qui me marqua le plus fut le viol du père. J'avais onze ans lorsque les faits sont survenus. Je revenais de préventorium et mon père de prison. Comme il y avait passé pas mal d'années, et moi pareil en prévent, jusqu'alors on n'avait pratiquement fait que se croiser. Mais ce matin-là, dont j'ai oublié le jour et le mois, on s'est percutés de plein fouet lui et moi. Ça a fait bang ! Après qu'il eut commencé à me tripoter dans mon sommeil, il a raffermi sa casquette, ramassé sa musette, et son visage tout près du mien a murmuré : « T'en fais pas ma chérie, on recommencera ce soir. » À l'instant même, mon enfance a fondu comme neige au soleil. Et pour la première fois j'ai voulu mourir. De la passerelle au bout de la rue, sauter sur un train, de préférence qui va loin. Mourir et partir à la fois. Bye-bye Malakoff. Salut le HBM de la rue Hoche, ciao l'enfer ! Adieu ma mère, qui n'a d'yeux que pour toi. Qui dort tranquillement, pendant que ton mari viole ta petite fille.

À cette époque ténébreuse, je n'ai pas seulement pensé à ma mort, mais aussi à celle de ma mère. Je souhaitais qu'un de ces quatre, après une nuit de bringue, un virage mal pris par le copain éméché, une embardée et que tout ça se termine dans un mur, un réverbère ou une benne à ordures. Dans le vide. En tout cas, je voulais qu'elle meure sur le coup. Ça, je ne souhaitais pas qu'elle souffre. Je savais pourquoi je voulais qu'elle meure, mais comme il y avait deux raisons, restait à les départager. J'avais du mal. Ce qui est aisé à comprendre puisque parfaitement contradictoire.

La première, c'est, qu'elle morte, il me serait plus facile de partir. Je ne pouvais pas m'empêcher de la regarder comme ma geôlière. C'est elle qui avait les clés de tout. Elle était le grand coryphée, le chef du chœur dans la tragédie que nous vivions. Car il s'agissait d'une tragédie collective, dans laquelle chacun malgré lui était impliqué. C'était une imbrication d'odeurs, de gestes et de regards furtifs, de hurlements suivis de si pesants silences, qu'il arrivait qu'ils nous prennent à la gorge. Nous vivions au bord de la *Suffocation*, un fleuve mal connu, qui fait des ravages. Le ciel peut s'éteindre, les étoiles tomber sur la terre comme des pétards mouillés, aucune croyance, aucune médecine, ne me fera jamais oublier les yeux, bleus et verts, de mes petits frères, regardant mon père me violer à travers les barreaux de leurs lits.

L'autre raison, si ma mère mourait, est que je reste à la maison pour m'occuper d'eux, au nombre de trois, ça légitimerait ce que mon père me faisait, puisque dans un sens je remplacerais ma mère.

J'étais pétée, là à coup sûr j'avais pris un super gnon sur la calotte. Ma mère en profitait, et pour élargir la faille tout était bon, y compris la menace de m'emmener chez le docteur pour voir si «j'y touchais». À quoi au fait? C'était pas dit. C'était juste sale, juste punissable. C'était juste une accusation. Le couperet qui tombait sur la nuque de l'enfant. Juste la mort deux fois donnée.

Difficile quand on est une enfant de voir ses parents comme des malades mentaux, ce que les miens étaient. Tous deux soignés en psychiatrie à Sainte-Anne, où ma mère fut d'ailleurs internée à la suite soi-disant d'une teinture de cheveux. Les électrochocs ils connaissaient et les médocs aussi, l'armoire à pharmacie, fixée à l'un des murs de la cuisine, en débordait. Là-dedans t'avais de quoi te flinguer dix fois. De quoi ne pas te rater. Aussi de quoi empoisonner ta mère. J'y pensais.

Depuis cet affreux matin où je crevais pareille qu'un ballon gonflé à l'hélium, j'avais la mort en tête. Onze ans, je le répète. En abusant de moi mon père m'avait fait accoucher de mon monstre. Qu'en faire me demandais-je à genoux dans la tourmente? Comment se défait-on de son monstre? «On ne s'en défait pas, me répondait invariablement une voix sépulcrale, c'est avec lui que l'on naît. Avant on n'est qu'un ballot de chair. Un moignon de vie. L'insignifiance parfaite. Vas donc!» Dans l'univers spectral qui était devenu le mien, j'avançais à tâtons les bras en avant, les doigts déployés, les yeux demi-clos et la peur au ventre.

Le premier obstacle que je rencontrais était toujours le même. Nous avions rendez-vous lui et moi dans cette opacité. Faute de nous aimer, nous nous aimantions. Mais où, et jusqu'où ? Une chose était certaine, mon père ne me déflorerait jamais. Plutôt je le tuerais.

Au couteau. Mon rêve c'était de lui mettre les tripes à l'air. Je le plantais à hauteur du pubis, pour remonter tranquillement jusqu'au plexus. Tout sortait d'un coup, ça faisait flop. Je regardais ses boyaux se répandre sur le lino de la cuisine. Y avait pas de sang, pas d'excréments, rien, juste des viscères bien propres. Quant à lui, je ne le voyais pas. Il était simplement absent. En fait je n'avais tué qu'une ombre. Là s'arrêtait mon scénario, là où il avait commencé avec la toilette, dans la fameuse bassine à multiples usages où l'on faisait aussi bien la vaisselle, qu'on s'y faisait tremper les pieds, ou qu'on y lavait les légumes.

Dans la mémoire de la jeune fille que je fus, il y a un carré blanc, on y voit le regard fou de l'homme, face à celui de l'enfant pris entre plaisir et terreur. C'est de cet amalgame que les violeurs puisent leur jouissance. Celle-ci est telle que pour la perpétuer ils sont prêts à tuer. Ils tuent. Car quoi de plus jouissif pour un violeur que de se mirer dans les yeux de la peur. Celle du bout. Celle dont on ne revient pas. La peur est leur humus, c'est là où ils s'enfoncent, là où ils ont le bâton. Une trique d'enfer, une barre monumentale, si fixe qu'on pourrait s'y suspendre et y faire le cochon pendu, jusqu'à ce que le sang nous descende à la tête. Et comme ça on aurait fait le tour. On tomberait juste par terre entre les pieds du père. Mais je ne crois pas aux miracles, je ne crois pas non plus qu'il faille porter sa croix. Je suis plutôt de celles qui la brûlent, quitte à brûler avec.

Il a duré dix ans ce viol, jusqu'à l'âge de ma majorité. Pourquoi n'ai-je pas parlé peut-on se demander. J'ai parlé d'abord à mon frère aîné. Un frère aîné est là pour protéger sa cadette pensais-je, sans savoir qu'il avait eu une relation incestueuse avec ma sœur, dont dix-huit mois le séparaient. Si je n'ai pas parlé à ma sœur, c'est parce qu'elle vénérait notre père. Et que je craignais qu'elle me rabroue. En revanche la voyant amoureuse, souffrant de ne pouvoir vivre pleinement cet amour, j'ai finalement parlé à ma mère. À qui j'ai dit tout simplement : « Maman, vis ton amour, si tu savais ce que papa me fait. » J'ai reçu comme réponse les mots que je craignais : « Menteuse, salope, vicieuse. » Et si nous n'avions pas été dans l'autobus, malgré mes dix-huit ans, je m'en serais pris une sur le coin de la gueule. Comme elle disait ma mère : « T'en veux une sur le coin de la gueule ? », la main levée, toujours prête à tomber. Même que des fois elle prévenait pas, ça tombait. J'ai aussi parlé à mon père chaque jour, en lui essuyant les yeux avec un torchon à vaisselle. Parce qu'il pleurait toujours après, au début du moins, le temps passant il me demandait de lui passer sa pipe et son tabac.

De cet inceste indigestible, qui parfois me donne encore des haut-le-cœur et des cauchemars, je tiens à dire qu'on ne guérit pas. C'est une plaie à jamais inscrite dans le corps de la petite fille. Une déchirure qui va grandir avec elle. Faire d'elle ce qu'elle n'aurait pas été. C'est un détournement de sa personnalité. Un vol. À ce propos j'ai souvent pensé à la naissance et la mort. On tue une enfant et de sa dépouille surgit un nouvel être, à qui il faudra un désir ardent pour aimer et construire. Le même à celui qui lui tiendra la main. Car la main d'une enfant violée n'est pas comme la main des autres, elle a toujours au creux un manche de couteau, de hache, une pierre, un flingue, une gifle. Elle a la haine. Et de cette haine, dans les meilleurs des cas, elle tire une énergie salvatrice.

De la mort de mon père j'ai oublié la date et à ce jour ignore où il est enterré. Qu'on ne me demande pas de dire paix à son âme. Car à qui le ferait, je cracherais à la face.

Le Père Noël rentre au pays

DIDIER VAN CAUWELAERT

C'était sans doute le dernier Noël d'Albert. Le médecin ne lui avait pas laissé d'espoir, même si le diagnostic s'était tout d'abord présenté sous la forme d'une bonne nouvelle : « Ce n'est pas la peine qu'on vous opère. » Depuis son appendicite, à quatorze ans, Albert avait très peur des opérations. On lui avait dit qu'il pouvait rentrer chez lui et il avait répondu merci, sans préciser qu'il n'avait plus de « chez lui ». Pendant trente ans, il avait surveillé des rouleaux dans un entrepôt de moquette : il avait alors un uniforme bleu et vivait dans une loge de huit mètres sur trois. Depuis qu'on l'avait licencié pour cause de cancer, il se partageait entre le dispensaire, le centre d'hébergement, la soupe populaire et, quinze jours par an, il portait un uniforme rouge.

– Une photo, les enfants, allez! On se laisse tenter, les mamans! Un beau souvenir avec moi le soir de Noël…

Sa gorge était en feu, les mots sortaient à peine. Le litre de vin en plastique qu'il avalait au réveil ne suffisait plus à diluer la douleur. En plus, sa barbe se décollait. De toute manière, on était le 24 décembre : dans une trentaine de minutes, il raccrocherait sa houppelande et retournerait dans l'oubli. Au vestiaire, quand M. Salaniot lui lancerait, en lui donnant son chèque : « À l'année prochaine, Albert ! », il répondrait oui, pour ne pas lui assombrir le réveillon, et quitterait le grand magasin par la sortie du personnel, une dernière fois, sans se retourner.

M. Salaniot avait été son camarade de chambrée, pendant l'année où l'on avait mis Albert dans un uniforme beige. Après leur service militaire, ils s'étaient perdus de vue, et M. Salaniot avait réussi sa vie. Sous-directeur aux *Galeries Lafayette* de Nice, il avait reconnu Albert, un matin, sur le tas de cartons où il passait les beaux jours, près de la gare. Dans l'état où il l'avait trouvé, il n'avait pas pu lui proposer grand-chose, sinon de cacher sa décrépitude sous l'uniforme du Père Noël, quinze jours par an. Mais ces retrouvailles sur le trottoir avaient été le premier événement heureux dans le destin d'Albert. Depuis lors, il n'avait jamais cessé de croire qu'un miracle était toujours possible.

À présent, le seul miracle encore à sa portée serait de s'endormir sans souffrir, ce soir, au centre d'hébergement, et de ne pas se réveiller.

– J'en ai marre, je range, décida le photographe, humilié d'attendre en vain avec son Polaroïd au milieu des passants pressés.

– Encore cinq minutes, supplia Albert.

Il se raccrochait désespérément à ses derniers instants d'existence dans le regard des enfants. Mais il ne passait plus que des amoureux, depuis un quart d'heure, des hommes d'affaires, des femmes seules, des retardataires stressés par la fermeture imminente des magasins. Les enfants étaient déjà postés chez eux, devant le sapin.

– Bonsoir, mon lapin ! se précipita Albert en me voyant sortir des *Galeries Lafayette*. Tu veux une photo avec moi ?

Il tenta d'étouffer une quinte de toux dans sa barbe de travers. Avec un sourire froid pour signifier que nous n'avions pas le temps, ma mère le contourna en me tirant d'une main ferme.

– Allez, insista-t-il, un dernier souvenir…

Il regretta aussitôt cette phrase, qui n'avait rien d'engageant. On s'apprêtait déjà à traverser l'avenue. C'est alors que le miracle eut lieu. La poignée d'un des sacs que portait ma mère céda, et une dizaine de paquets tombèrent sur le trottoir. Elle lâcha ma main pour ramasser les cadeaux en pestant, et je revins sur mes pas.

– T'es un vrai ? demandai-je au Père Noël.

Pris de court, il fit oui de la tête. Le photographe avait disparu. Ce serait un contact gratuit. Un sourire sans lendemain. Albert se disait qu'il survivrait quelques heures dans la mémoire de ce gamin, peut-être, c'est tout. Mais c'était mieux que rien. Il murmura en se penchant, de profil, comme s'il était un peu sourd – en réalité pour éviter d'incommoder avec son haleine :

– Je suis *le* vrai. C'est moi qui forme tous mes collègues, chez moi au pôle Nord, tous ceux que tu vois un peu partout dans le monde. Je leur apprends à faire semblant d'être des hommes ordinaires, le reste du temps. Qu'est-ce que tu m'as demandé, cette année ?

Je répondis d'une traite :

– Un chien blanc avec une tache noire autour de l'œil droit, comme celui qui est toujours en train de regarder la télé dans *Les 101 Dalmatiens*, mais ma mère veut pas.

– Didier ! appela-t-elle sèchement en finissant de ramasser les paquets. Viens ici !

Le Père Noël me prit la main pour me ramener vers elle, lui demanda d'une petite voix compréhensive :

– Pourquoi vous ne voulez pas ? C'est gentil, un chien.

Accablée par les soucis dans son travail, les tensions de famille et les achats de dernière minute, ma mère tourna les talons sans répondre. Un long paquet mou coincé sous son coude lui échappa, et elle se baissa en maudissant la pluie, Noël et ces conneries. Papa klaxonna, en face, impatienté. Il était en double file, et un agent s'approchait de lui en sortant son carnet. Je me précipitai pour qu'il évite la contravention.

Le temps d'un éclair, Albert vit ma mère occupée à essorer le paquet-cadeau au-dessus du caniveau, et la camionnette qui arrivait à toute allure. Oubliant la douleur dans ses os, l'abrutissement de la morphine et du vin en plastique, il courut de toutes ses forces et se jeta en avant, me poussant d'une détente.

Le double cri de mes parents fut le dernier son qu'il entendit, pendant que la camionnette roulait sur lui.

J'avais absolument voulu qu'on suive l'ambulance du Père Noël. Ma mère avait tenté de me dissuader ; mon père m'avait donné raison.

– Il est décédé pendant le trajet, nous dit la dame des urgences avec un air navré.

Je lui criai que ce n'était pas vrai. D'abord, ça

ne meurt pas, un Père Noël ! Accroupi devant moi dans la lumière crue de l'hôpital, papa m'expliqua d'un ton rassurant que, pour un Père Noël qui disparaît, dix nouveaux prennent la relève : jamais les enfants ne manqueront de cadeaux. Je haussai les épaules. Je m'en fichais, des autres enfants. Je m'en fichais, des cadeaux. C'était ce Père Noël-là que je voulais. Mon héros à moi. Celui qui m'avait sauvé la vie.

– Qu'est-ce qu'on fait pour le corps ? demanda un type en blouse.

La responsable eut un geste vague : le numéro de téléphone qu'on avait trouvé dans le portefeuille d'Albert, sous l'inscription « À prévenir en cas décès », était celui d'un foyer d'hébergement qui ne s'occupait que des vivants.

Je leur expliquai :

– Faut le ramener au pôle Nord.

Mon père lança un regard de détresse à ma mère qui, dans la cabine téléphonique, prévenait de notre retard, donnait des consignes pour tranquilliser la famille et cuire la dinde. Il me dit en serrant mon épaule, sur le ton sérieux et précis qu'il employait toujours pour entrer dans mon imaginaire :

– Tu veux dire : le rapatrier ? Mais ça coûte très cher, mon grand.

– Et alors ?

Il croisa le regard de la responsable, y vit des larmes. La fatigue, l'émotion, la tristesse d'un réveillon de permanence… Il sortit son chéquier, demanda le montant et l'ordre. Elle lui remit discrètement un prospectus, avec le forfait de base des pompes funèbres.

– Ce seront… des conditions décentes ?

– Tout à fait. Vous désirez qu'on inscrive quelque chose de particulier ?

– Vous préciserez qu'il s'agit du Père Noël, bien sûr, glissa-t-il en voyant mon regard inquiet. Qu'il voyage en première classe, pour son retour au pays.

Il lui donna le chèque, et rempocha prestement son chéquier lorsque ma mère revint vers nous. Je lui annonçai la bonne nouvelle : on renvoyait le Père Noël chez lui, comme ça il pourrait ressusciter tranquille. Elle me serra contre elle sans faire de commentaires.

Lorsqu'on arriva à la maison, la famille entourait le sapin, debout, anxieuse. On se précipita pour me donner mes cadeaux. Je fis semblant d'être surpris et content en déballant les livres, les jeux éducatifs et les panoplies, commentant chaque découverte par un « merci » résigné.

Soudain, j'entendis un aboiement dans la cour. Je bondis à la fenêtre, émerveillé, incrédule, me retournai vers ma mère qui glissa d'un air crispé à mon père :

– Je t'avais dit non !

– Mais ce n'est pas moi ! se défendit-il.

Je courus ouvrir la porte, pour prendre dans mes bras le petit chien blanc avec une tache noire autour de l'œil droit.

Ce 24 décembre 1966, je l'ai reconstitué avec le regard de mes six ans, le souvenir qu'en avaient gardé mes parents, et mon imaginaire pour combler les vides…

Conteur aussi désordonné qu'enthousiaste, mon père changeait constamment de version quand il racontait cette histoire, suivant le caractère de ses interlocuteurs. Maintenant qu'à son tour il a quitté la Terre pour « rentrer au pays », je me demande toujours si le petit chien errant était son cadeau « clandestin », le fruit d'un hasard extraordinaire, ou la preuve de la survie du Père Noël, quelque part au pôle Nord.

Paroles

Philippe Claudel

Mon grand-père avait coutume de répéter que le lit était la plus belle invention de l'homme.

Le plus curieux, c'est qu'il n'y passait guère de temps. Le soir dans la cuisine, il avait pour habitude de dépouiller un à un de vieux sachets de thé, au-dessus d'un cendrier jaune et bleu de marque Vulnera. Les sachets avaient déjà servi maintes fois, mais il en récupérait encore le foin qui n'avait plus d'odeur depuis des lustres, pour le réutiliser à l'occasion, soit en infusion, soit en le fumant mêlé à des barbes de maïs. Celles-ci séchaient durant des semaines, pendues sur des fils au-dessus du fourneau en fonte.

Souvent, à ces moments, il parlait seul ou chantonnait des airs de sa jeunesse qui parlaient d'une certaine Ernestine, célèbre pour « ses gros tétons et sa croupe à troufions ». J'ignorais le sens des mots « croupe à troufions ». « Téton » ne m'était guère plus familier d'ailleurs, mais je trouvais l'ensemble joli, et joli surtout le sourire de grand-père lorsqu'il chantait la chanson.

J'étais à ses pieds. J'alignais mes soldats de carton pour des assauts tout aussi imaginaires qu'inoffensifs. Je sentais son parfum de laine, de fumée et d'eau de Cologne. Je regardais sa moustache grise qu'il lustrait de temps à autre en glissant vers ses pointes son pouce et son index gauches tout imprégnés de salive. Je ne demandais rien. J'étais bien. J'étais petit. Très petit. Je m'endormais là, sans jamais voir grand-père aller se coucher.

Le matin, lorsque je me réveillais, il était déjà debout. Le lit, cette invention majeure de l'homme, était vide. Les draps déjà froids étaient enroulés vers le pied de chêne comme de longs escargots. Je descendais l'escalier de la maison en me frottant les yeux.

Par-delà la courte haie de son jardin, grand-père parlait avec son voisin, le père Marcoeur, qui avait à peu près son âge. C'était des conversations de grandes personnes, assez brèves, et que j'entendais au travers des vitres mais que je ne comprenais pas vraiment. L'un disait « Grand cocu ! » L'autre répondait « Salopiau ! » Grand-père reprenait : « Fumier sur pattes ! ». Le père Marcoeur répliquait « Sac à foutre ! » Généralement, c'était le mot de la fin. Tous deux se tournaient le dos en haussant les épaules, et grand-père revenait vers la cuisine.

«T'es réveillé mon homme?» C'était les premières paroles qu'il me donnait, immuablement les mêmes, suivies de la fameuse formule : «Tu sais, Jules – il m'appelait Jules bien que ce ne fût pas mon prénom – le lit, c'est la plus belle invention de l'homme!»

Puis il faisait réchauffer le café dans une casserole en émail qui avait été jadis ornée de damiers rouges et blancs, mais qui avait pris depuis lors des allures de deuil. Il me coupait deux tartines dans un grand pain sans âge, les beurrait avec patience, les saupoudrait de cacao, et me les tendait en me souriant comme seul un grand-père sait sourire.

Le sommeil me tirait encore la peau et les yeux. Je sentais mes cheveux dressés en épis sur ma tête. Mon pyjama était chaud de la nuit. Les jours me semblaient avoir la substance et la matière de grands siècles, ainsi que des odeurs de navets, de soupe, de clapier, de peaux de lapins fraîchement écorchés, de jeudis.

Les jeudis. Ce n'est pas une nostalgie de dire que le mot est davantage délicieux que celui de mercredi. Je suis de ce temps, du temps des jeudis. Il y eut depuis lors comme une coupure à laquelle jamais je n'ai pu me faire. Une coupure qui tient plus au mot et à sa musique d'ailleurs qu'à la place du jour dans la semaine. On a souvent rêvé à *la semaine des quatre jeudis*. Il me semble qu'on n'a jamais songé à celle des quatre mercredis.

C'est pourtant dès ce soir-là que j'allais chez grand-père. Ou plutôt, il venait me chercher chez mes parents, ou encore à la sortie de l'école, et je quittais la main de ma maîtresse, douce, fine et rose, pour la sienne, tranchante, pleine d'angles, striée de ravines noires, les ongles souvent cernés de nuit. Lorsque je lui faisais remarquer que ses mains n'étaient pas propres, il les observait, un peu étonné, me regardait puis disait : « La terre, vois-tu mon Jules, ça n'est jamais sale. C'est ce qu'il y a dessus qui est sale, les hommes, et ce qu'ils font. »

La maison de grand-père n'était pas très éloignée de l'école. Pour la rejoindre, il fallait que nous passions par une étroite ruelle qui nous obligeait à marcher l'un derrière l'autre. Elle cheminait droite et raide entre des mosaïques de jardins parfaitement entretenus. Je trottinais devant grand-père. Je sentais son souffle dans mon dos. Je n'avais pas peur de ne rien voir devant moi, car je le savais là, tout proche, prêt à me sauver si d'aventure un précipice s'ouvrait sous mes pas ou si un monstre tentait de me barrer le chemin avec ses pattes griffues et sa langue de feu. Nous arrivions dans sa rue, après un trajet de quelques minutes, puis dans la maison dont la porte n'était jamais fermée à clé. À l'intérieur, il y avait une cuisine grande comme une poche, une chambre à l'étage, un petit lit pour moi à côté du sien, un cabinet au dehors dans une sorte d'armoire en planches de sapin, un appentis où grand-père rangeait ses outils, un poulailler, un jardin carré. C'est tout.

Lorsque j'avais fini de déjeuner, il fallait que je fasse ma toilette. D'ordinaire, je détestais cela, mais chez grand-père, tout me plaisait, et surtout la toilette qui respectait l'antique «règle des deux bouts» que grand-père m'avait enseignée dès mon plus jeune âge : «Bout du nez, bout du bout, et c'est tout!» Mon nez n'était pas très gros et ma foi, le bout de... mon bout encore moins. Tout allait donc très vite, et nous rangions la cuvette après avoir jeté par la fenêtre l'eau savonneuse en direction des poules qui, douchées, se sauvaient en caquetant.

Le jeudi, c'était le jour du marché. Un grand marché, qui prenait toute la rue principale de la petite ville de mon enfance. Il n'a guère changé d'ailleurs, et c'est pour cela que j'aime tant à y revenir, comme on reviendrait dans un moment de sa vie, intact, malgré les blessures de l'âge et les balafres des années.

Grand-père connaissait tout le monde, mais lorsqu'il était avec moi, et sans doute pour me prouver que j'étais plus important que tout, il ne parlait avec personne. Il me tenait par la main. Nous marchions lentement, passions trois fois devant chaque étal, pour finir par nous arrêter devant la camionnette d'un charcutier-chasseur du nom de Harmffer, qui était si grand qu'il était obligé, pour ne pas toucher le haut de son véhicule, de maintenir sans cesse sa tête penchée, si bien que même lorsqu'il quittait sa camionnette pour aller se réchauffer au bistro, il gardait toujours sa tête penchée qui nous le faisait reconnaître de très loin.

Il venait de la montagne et en gardait l'accent. Des poils lui sortaient des oreilles. Il était veuf. Il n'avait pas d'enfants, mais trois chiens nourris au cervelas et à la tétine. L'un avait des yeux de cochon, les deux autres bavaient sans cesse. C'était un homme placide, à la peau un peu rouge et aux cheveux coupés en brosse. Il devait avoir dans les soixante ans. Il était sourd comme un pot.

Le jeudi, nous ne savions jamais à l'avance ce que nous allions manger. « Ça dépendra de Harmffer, disait grand-père. On verra bien. De toute façon, tout est bon chez lui, n'est-ce pas Jules ? »

Grand-père commençait toujours par demander à M. Harmffer des nouvelles de la chasse. C'était une entrée en matière, une sorte de test.

– Alors monsieur Harmffer, disait grand-père, combien en avez-vous tués cette semaine ?

– Ah ! vous croyez… répondait lentement, d'un air profond, le charcutier, en soupesant le regard de mon grand-père comme si celui-ci lui avait délivré une opinion politique. Peut-être… Peut-être… poursuivait-il, mais on ne sera plus là pour le voir, ni vous, ni moi !

Grand-père me lançait un clin d'œil désolé en même temps qu'un soupir, puis il sortait de la poche de son bleu la liste de courses que nous avions préparée ensemble, afin de passer commande :

« Je voudrais deux belles tranches de jambon avec la couenne ! » lançait-il assez fort. « Quatre tranches de lard ? c'est comme si c'était fait ! » vociférait le charcutier, en saisissant une belle bande de maigre.

« Et avec ça, qu'est-ce que je vous mets ? » « Quatre petites saucisses », criait mon grand-père. « Ah ! désolé, coupait Harmffer, je n'ai plus de fromage de tête, j'ai vendu le dernier il n'y a pas une heure. Je vous mets une tranche de pâté à la place ? »

Grand-père acquiesçait, peu contrariant. Puis il demandait deux côtes de chevreuil : le charcutier lui servait trois morceaux de boudin ; un petit salé, Harmffer lui glissait dans le papier une portion de museau.

« Pour finir, je voudrais un petit rôti dans l'échine », hurlait grand-père. « Je suis vraiment confus, monsieur Dagonneau, répondait l'autre, mais je n'ai pas de longe cette semaine, je l'ai oubliée, je suis vraiment idiot, j'ai chargé le camion et j'ai oublié la longe, quelle bourde, vous êtes le vingtième à m'en demander ce matin, faites excuse, mais je peux vous proposer à la place un bon petit rôti dans l'échine si vous voulez, c'est bien meilleur, c'est plus cher, mais je vous le fais au même prix que la longe, vous m'en direz des nouvelles ! Alors c'est d'accord ? »

Grand-père faisait semblant d'hésiter, me regardait comme pour quêter mon assentiment, puis finissait par dire oui. M. Harmffer coupait le rôti, l'emballait, puis le déposait dans le cabas de grand-père aux côtés du boudin, du museau, des quatre tranches de lard, du pâté.

Grand-père payait, disait au revoir au charcutier qui l'arrêtait soudain du regard, marquait un temps et finissait par répondre en comptant sur ses doigts : « Un lièvre, deux perdreaux mardi et un sanglier vendredi, mais pas un gros ! » Grand-père hochait la tête, sérieusement, lissait sa moustache, et nous partions.

Je mâchais la tranche de saucisse que m'avait offerte le charcutier. Tout allait bien. Nous nous apprêtions comme chaque semaine à manger des choses auxquelles nous n'avions pas songé.

« Tu sais mon Jules, je n'ai jamais su si Harmffer est sourd ou s'il se fout de ma gueule ! » me disait grand-père sur le chemin du retour.

– T'as dit un gros mot, pépère !

– Ou peut-être que c'est un poète…

– C'est quoi un poète, quelqu'un qui invente des lits ?

– Pourquoi tu me parles de lit ? Tu dors encore ou quoi? Un poète, c'est quelqu'un qui donne toujours la vraie réponse, même aux fausses questions...

Je faisais tourner la phrase dans ma tête. J'essayais de comprendre. Je ne comprenais pas. Grand-père serrait ma petite main dans la sienne. Il allait bientôt être midi. Dans quelques minutes, la sirène de l'usine déchirerait l'air tranquille. J'avais faim. J'avais des culottes courtes et des croûtes aux genoux. J'étais amoureux d'une certaine Isabelle. Mon grand-père était éternel. J'avais six ans. Six ans.

J'avais le temps.

Les Yeux de Chimère

Boris Cyrulnik

Sans mémoire qui serais-je ? Je me contenterais de réagir à l'instant, de respirer, dormir, manger. Bon, c'est déjà ça. Mais je ne pourrais pas savoir qui est moi. J'ai l'impression que c'est important de connaître son identité de façon à savoir comment rêver son avenir, comment répondre au présent que je perçois en utilisant mon passé, en me disant : « Je suis capable de faire ça, je n'aime pas faire autrement. » Alors, pour savoir qui je suis et donner sens à mon existence, j'ai besoin de faire appel à ma mémoire pour me raconter mon histoire.

Quand je commence mon histoire, en disant que je suis né à Bordeaux en 1937, je ne parle pas de ma mémoire. C'est un papier où je vois écrits ces renseignements qui me concernent puisque j'y lis mon nom. Mais ce n'est peut-être pas moi ? Une archive, c'est une mémoire sociale. Et vous savez comment se trompent les papiers.

Ma mémoire personnelle commence bien avant la parole, comme une sorte de film muet. Je me souviens que mon grand-père m'avait posé sur la table de la cuisine. Je tenais à peu près debout entre ses bras, j'avais une barboteuse rose (tiens, c'est curieux), on riait autour de moi, je me sentais probablement heureux. Quand on est sur une table entouré par les bras d'un grand-père, au centre de sourires, logiquement on est heureux. Quand soudain un grand garçon a surgi avec un pistolet en fer-blanc et a tiré une fléchette à ventouse que j'ai reçue en plein front. Je me souviens qu'il a éclaté de rire. Alors, j'ai dû pleurer pour orienter sur lui l'agressivité des adultes qui me protégeaient. J'ai même pensé que je devais beaucoup pleurer afin de le faire beaucoup punir. Tiens comment fait-on pour penser sans paroles ?

C'est mon premier souvenir, je crois. En tout cas, une première saynète sans paroles où je me mets en scène dans ma mémoire. Avant, j'avais certainement déjà une mémoire puisque j'ai appris à marcher, à reconnaître mes objets et des visages familiers, mais pas de souvenirs en forme de film de moi.

Personne ne voulait croire que je pouvais me rappeler un souvenir si précoce. En décembre dernier, j'ai été invité à Bordeaux pour participer à une réunion sur la constitution de l'identité. Un monsieur âgé, mais portant beau, s'approche de moi et dit : « J'ai connu un petit Boris, avant-guerre, près des docks de Bordeaux, rue de la Rousselle où j'habitais. » Nous bavardons, et il m'apprend qu'à cette époque les portes des appartements restaient ouvertes de façon à ce que les enfants puissent aisément passer d'un foyer à l'autre. Tout un groupe participait à la surveillance des petits. Il était entré chez mes parents pour jouer et en avait profité pour essayer son pistolet à fléchette. Comment avais-je pu me rappeler que j'en avais rajouté en pleurant trop afin de le faire punir plus ?

La mémoire des enfants est bien plus sûre que ce que l'on croyait, ce qui ne veut pas dire que la parole des enfants est fiable. D'abord, la mémoire, ça n'existe pas. Ce sont les mémoires qui existent : une mémoire sans souvenirs, comme une habileté corporelle, l'apprentissage de la marche, la reconnaissance des visages, des objets et des lieux qui construisent geste après geste le sentiment de sécurité de l'enfant qui ne peut pas savoir pourquoi, il se sent bien dans un milieu et mal dans un autre voisin. Puis la mémoire des images met en scène comme dans une histoire sans paroles quelques fragments de réalité à l'origine de notre identité. Puis, plus tard, les mots pour raconter ces images.

Et c'est là que commence la liberté qui rend possible la distorsion de la représentation théâtrale de soi. Après l'hypermémoire des premiers mois de ma vie, mémoire du corps et des images, j'ai eu un trou de mémoire de presque deux années ! Rien. Pas d'images, pas de mots, fini le théâtre de moi. En recomposant ce qui s'est passé, je pense, aujourd'hui, que ce trou dans ma mémoire correspond à l'engagement de mon père dans la Légion étrangère. En 1939 je ne parlais pas encore et déjà la France préparait la guerre. Quand un homme rejoignait l'armée pour trois ans de service militaire comme l'ont fait pratiquement tous les républicains espagnols et les Juifs d'Europe centrale, sa femme restait seule, sans famille, sans travail, et sans aide sociale. Ma mère probablement s'est éteinte. En perdant sa luminosité, elle a fait disparaître les couleurs de mon monde : finis les jeux, les éclats de rire, les événements joyeux ou inquiétants, les visites de la famille, les récits, les rencontres… rien. Dans un monde qui devenait terne, rien à voir, rien à dire, rien à penser. Une ou deux images en deux ans : ma mère sur les quais, immobile et silencieuse, vendant quelques objets de la maison, probablement pour essayer de manger le soir même, pendant que je m'émerveillais du déchargement des bananiers.

J'expliquais ça, au vieux monsieur, mon jeune voisin d'avant-guerre qui s'est alors étonné : « Mais non, il n'y a jamais eu de bananiers dans le port de Bordeaux. C'est un faux souvenir de colonialisme exotique. »

Nous étions voisins, nous vivions près des quais et nos mémoires différaient sur un souvenir d'énormes bateaux noirs et de grues déchargeant des régimes de fruits étranges. Et ce bonhomme sympathique m'affirmait que ce n'était pas vrai ! On peut donc avoir des souvenirs pas vrais ! Et pourtant j'étais sincère, je les voyais ces régimes dans ma mémoire d'images. Et lui ne les voyait pas, alors que nous avions joué sur les mêmes quais, à la même époque.

Alors, nous avons confronté nos souvenirs : l'arrivée de l'armée allemande, passant sous l'arc de triomphe de la rue Sainte-Catherine, magnifique avec ses chevaux harnachés et son entraînante musique militaire tandis que les Bordelais, massés sur le trottoir, pleuraient en silence. Il se rappelait les chevaux et la musique, mais me disait-il l'armée n'est jamais passée sous l'arc de triomphe, ils ont contourné la porte de Bourgogne en bas du cours Victor-Hugo et les gens ne pleuraient pas, ils applaudissaient.

Drôle de mémoire quand elle est recomposée : elle associe des éléments d'une étonnante précision, presque soixante-dix ans plus tard, avec des ombres qui témoignent d'une souffrance relationnelle et avec des lumières qui révèlent les morceaux de monde qui nous ont vivement touchés. Et c'est avec ces éléments de vérité que nous recomposons un film de notre passé, différent pour chacun de nous.

Malgré nos accords et nos désaccords, aucun de nous deux ne mentait. Chacun inventait son passé, comme une chimère de soi où tous les éléments sont vrais, les pattes sont d'un lion, le ventre d'un taureau et les ailes d'un aigle, tout est vrai dans cet animal qui n'existe pas. Il n'existe que dans la représentation que l'on se fait de soi et que l'on appelle souvenir d'enfance.

Les Cerises

CLAUDE DUNETON

Cela ressemble à un film dont j'aurais oublié l'histoire. Une séquence de film toute seule, détachée, sans rien autour, perdue et sans date... Je me trouvais seul avec mon père dans une ville, mais pourquoi? En quelles circonstances? Je l'ignore tout à fait. C'était plutôt exceptionnel que je sois quelque part avec lui, hors de chez nous, loin de la ferme. On ne disait pas «la ferme», du reste, on disait «la maison». Nous n'avions pas l'idée de «ferme» : nous étions chez nous comme les autres familles étaient chez elles, avec des bêtes autour, et des terres, des prés, des bois, chacun sa part.

En somme, nous étions ailleurs, en ville; mon père dégingandé, moi petit, avec lui, dans une rue. Je me souviens du trottoir, de la boutique avec son étalage de fruits et de légumes dans des cageots, probablement une épicerie – et rien avant, ni après.

Surtout il n'y avait pas ma mère, c'est la circonstance essentielle et singulièrement rare, car si j'allais en ville quelques fois c'était toujours en compagnie de ma mère. Nous prenions l'autobus, à trois kilomètres de la maison, le matin tôt, le plus souvent chargés de paniers. Parce que chacun de nos voyages était organisé autour d'un petit marché où nous allions vendre des trucs : quatre poulets ou deux dindons, à l'automne. C'était lourd à porter toujours, ma mère souffrait. Seulement c'était la guerre et il fallait bien se débrouiller – la moindre source d'argent était la bienvenue. Quelquefois ma mère trimballait une livre de beurre clandestin dans un cabas – à la manière dont elle le cachait sous des choses, un pull-over, des bricoles, je suppose qu'il était clandestin, le beurre. Dans ces cas-là nous nous rendions dans un magasin de chaussures et ma mère entrouvrait son cabas dans un coin de la boutique, en douce, pour la patronne. Comme ça elle pouvait acheter une paire de godasses aux semelles de bois ; la femme nous conduisait vers l'arrière, dans une cuisine de ville au bout du couloir. Tout ça s'entourait de mystère – je savais qu'il ne faudrait rien dire à personne, jamais.

Et puis le jour on en profitait pour aller chez le

médecin. Ou peut-être que c'était l'inverse : parce qu'on avait rendez-vous chez le docteur, ma mère en profitait pour faire des courses entre l'autobus du matin et celui du soir qui nous ramenait à la campagne, ça laissait du temps.

On allait chez le médecin pour moi, pour ma santé. Je n'ai pas quitté le suivi des médecins de toute mon enfance, avec ma mère, constamment, qui finissait par me présenter comme un produit avarié. Pour mes jambes à cause de la luxation que j'avais eue – il fallait surveiller la croissance de mes os, la souplesse de mes articulations, et discuter si l'on devrait m'opérer un jour ou non, me couper quelque chose dans les hanches. En tout cas à cause de la guerre ce n'était pas possible pour le moment, on remettait ça à plus tard…

Le médecin m'auscultait avec de gros doigts qui faisaient mal, qu'il essayait d'enfoncer partout, puis ma mère l'interrogeait en soupirant. Ça allait… Apparemment il fallait attendre que je grandisse pour voir quelle tournure prendraient les choses. On saurait plus tard s'il y avait lieu d'opérer ou non ma hanche. Seulement ma mère voyait l'avenir en noir, tout le temps : « Il sera estropié, docteur ! » L'autre maugréait : « Il ne faut pas dire ça, madame. » Mais elle le disait tout de même, elle le répétait. J'avais le sentiment d'être une sorte d'avorton pas fini, un raté humain. J'étais un anormal permanent.

Non seulement il y avait le médecin des os, mais aussi celui pour les nerfs, à cause des convulsions. Elles me prenaient la nuit, depuis l'âge de trois ans, ces atroces convulsions. Je me réveillais au milieu d'un cauchemar, j'étais saisi d'un tremblement de la mâchoire, puis ma bouche se convulsait – je criais, puis je tournais de l'œil dans la terreur d'être en train de mourir. Mes parents se levaient en trombe, ma mère criait à mes cris, mon père versait de l'éther sur du coton hydrophile et me collait le tampon sous le nez... Je revenais à moi assez vite, ça allait. Je n'étais pas mort, ce qui faisait un soulagement dans la chambre.

Pendant plusieurs années, au début, on avait appelé ça « les vers ». « Il a les vers », disait ma mère. L'éther était censé les éloigner, les repousser dans mon estomac, quelque part... J'avais même porté un sachet de tissu sur ma poitrine qui renfermait des petits morceaux de peau de taupe – un vieux sorcier du village avait conseillé ce procédé qui n'avait pas été efficace. Aussi, de médecin en médecin, nous avions abouti chez le spécialiste des nerfs. Lui me donnait du Gardénal par précaution – tous les soirs mon petit cachet blanc de Gardénal afin de prévenir les convulsions possibles. Ma mère était sûre que j'étais plus ou moins épileptique... «Vous croyez qu'il est épileptique, docteur ? » Il disait non. Pas pour le moment. On verrait plus tard, à la puberté. Mais elle hochait la tête d'un air entendu. Elle soupirait fort, que j'étais un estropié épileptique en devenir. Ce n'était que reculer pour mieux sauter.

Plus tard, quand je fus en pleine croissance, il y eut le médecin des poumons, en plus parce que j'étais tuberculeux – pré-tuberculeux c'est-à-dire en danger de tuberculose qui pouvait être foudroyante – il fallait surveiller ça de près, on me faisait des radios des poumons. En fait, j'aurais pu avoir un début de primo-infection, mais ce n'était pas net, plutôt un soupçon. Cette idée torturait ma mère : j'allais finir comme son frère, mourir de la tuberculose qui était un fléau. Le pneumologue avait beau la rassurer, ausculter les radios, guetter le « voile au poumon », dire que, pour l'instant, rien n'apparaissait, elle n'y croyait pas : « Pour l'instant ! » soupirait-elle, sûre de son coup. J'avais à ce moment-là échappé au rachitisme – je devenais même assez costaud ; l'épilepsie paraissait en recul – pas de convulsion depuis deux, trois ans, avec la fameuse puberté ; c'était le signe que la phtisie n'allait pas me louper ! La mort, enfin, rôdait... surtout que j'étais prédisposé avec mes bronchites chroniques, tous les ans, tous les hivers et au printemps, parfois même l'été, depuis l'âge de un an, bronchite sur bronchite !

Donc la ville, pour moi, avait la couleur des salles d'attente, en plus du marché à la volaille, le goût de la fatalité. Même à huit ans, bien avant d'être pulmonaire… Très mélangé était le plaisir de quitter les champs de l'ennui, les bois de la solitude, la maison isolée au bord des forêts. Nous allions prendre l'autobus à gazogène pour un voyage de vingt kilomètres qui prenait une petite heure avec les arrêts ; l'autobus poussif, bondé de gens les uns sur les autres, et les paniers, les cages à lapins ; les dindes qui gueulaient.

La jeunesse heureuse et libre faisait le voyage « sur l'impériale », sur le toit avec les gros colis, quand le temps était au beau. Le vent de la course à trente kilomètres à l'heure les fouettait dans les descentes ! Ils criaient. Mais pour faire partie de la jeunesse il fallait avoir au moins quinze ans – la guerre s'est terminée beaucoup trop tôt ; l'échelle de fer étroite, fixée à l'arrière du car, qui permettait de grimper là-haut est restée un rêve…

Au bout du trajet il y avait donc de la misère, et la honte de mes fragilités, avec ma mère qui pleurait au sortir de la « visite », qui ressassait sa souffrance morale à laquelle elle tenait ; chaque fois qu'on croisait quelqu'un de connaissance, une femme qui faisait un compliment : «Vous avez un beau petit garçon ! », ma mère rectifiait, navrée : « Oh ! il a l'air, comme ça mais il n'est pas normal, vous savez… » Je me ratatinais sur moi-même tandis que la personne fronçait le sourcil en écoutant la litanie de mes insuffisances – je n'ai jamais pu encaisser les compliments sur moi-même, sur mon physique.

Je me suis vécu moche et contrefait pendant toute ma jeunesse.

Alors cette séquence de film perdu, seul avec mon père, est demeurée dans mon souvenir comme une anomalie. Qu'est ce que nous faisions là tous les deux, sur ce trottoir, près de la boutique ? C'est ça, je devais avoir huit ans, neuf tout au plus… Ce qui est certain c'est que nous étions au printemps, à cause des cerises. Probablement au mois de juin, ce qui explique que je nous vois baignant dans la lumière d'une rue ensoleillée. Mon père était tout différent, il ne m'humiliait jamais. Si quelqu'un lui disait : « Il a l'air gentil, votre gamin », il riait, bien content. Il disait : « Oui, il est gentil… » Jamais un mot sur mes tares. Et puis, il me parlait toujours comme à une personne, un grand raisonnable. Il me faisait part de ses réflexions sur les gens, sur les choses. Il me disait : «Ah, mon vieux ! » avec entrain. Je ne me sentais plus du tout un avorton avec lui, au contraire je me sentais grandi et en pleine forme ! Pour un peu j'aurais eu confiance en moi, et perdu cette timidité qui m'accabla si violemment dans toute la première tranche de mon existence, et même la seconde…

Seulement il était rarissime que nous ne soyons que tous les deux, entre hommes. Ma mère avait horreur de nous voir ensemble, à cause de son côté rigolard et je-m'en-foutiste à lui qui conduit les familles au crime et à la ruine. Je crois qu'elle avait peur que je me plaise trop en sa compagnie – elle voulait me garder auprès d'elle constamment, régler mes pas et mes humeurs. Elle savait que jamais il ne faisait mention d'aucune des menaces qui pesaient sur moi, de mes fragilités inquiétantes ; il faisait comme si elles n'existaient pas, il n'était pas inquiet pour un sou, le salaud ! Du moins il n'en laissait rien paraître. Ma mère mettait cela sur le compte de sa redoutable insouciance, cette propension qu'il avait à croire que tout allait sur des roulettes, ce qu'elle appelait « se foutre de tout ». Comme il ne me battait jamais, ni gifle ni rien, elle m'expliquait que c'était à cause de sa profonde indifférence à mon égard. Selon la loi intouchable du « Qui aime bien châtie bien » mon père ne m'aimait pas du tout, voilà…

En nous laissant seul tous les deux, elle craignait que j'aille me faire des illusions sur moi-même, que j'oublie la fatalité dont elle me savait frappé, mes infirmités prévisibles, et que, lorsque la mort viendrait me saisir enfin – au cours d'une crise d'épilepsie par exemple –, je sois mal préparé… Pour compenser, elle en rajoutait une couche. Non seulement je n'avais jamais le droit de suivre cet homme lorsqu'il allait quelque part – parce qu'il m'aurait donné le mauvais exemple –, mais elle prenait encore soin de le dénigrer copieusement auprès de moi. De dire qu'il était égoïste et sans cœur – « un sale égoïste » qui n'aimait personne !

Ma mère faisait de son mieux pour me rendre orphelin de père, en somme, symboliquement – ce qui peut-être aurait été son souhait. Être veuve avec un enfant sur les bras, et la misère à la porte, un vrai programme ! Comme ça elle m'aurait eu constamment près d'elle, juste pour elle toute seule, elle qui m'aimait. Oh ! qui m'aimait à la folie ! Qui était la seule personne au monde qui m'aimerait jamais ! Que sans elle, j'étais un pauvre oiseau sur la branche, une pauvre chose abandonnée. D'autant que si elle venait à mourir – elle m'expliquait cela au moins une fois par mois – mon père me mettrait immédiatement à l'Assistance publique. Or elle pouvait mourir d'un moment à l'autre, il fallait que je le sache... Avec toutes les souffrances qu'elle éprouvait, et les soucis ! Sa vie ne tenait qu'à un fil – c'est pourquoi elle se faisait tant de bile pour mon avenir, si je continuais de vivre... Combien de fois nous avons pleuré ensemble sur sa mort avancée ! Imminente. Elle me prenait sur ses genoux, me parlait de sa fin prochaine – quand j'avais quatre, cinq ans... Elle pouvait fort bien mourir dans l'année en cours, ou l'année suivante, assez prochainement en tout cas. Nous pleurions ensemble à chaudes larmes dégoulinantes : «Tu l'aimes, ta maman, dis ?... Comment tu l'aimes ?»

Je suis certain que j'avais soit sept ans, soit huit ans ce printemps-là. À neuf ans j'étais déjà vieux, moins naïf, plus du tout spontané – je ne me serais pas mis le doigt dans l'œil à ce point-là. Je n'aurais pas pu faire ce que j'ai fait dans la ville pour faire plaisir à mon père, me rapprocher de lui. À neuf ans, non c'était déjà foutu, les illusions – à dix encore mieux. Ma mère m'avait tellement seriné qu'il était un voyou, cet homme, un être sans moralité, sans religion – une sorte de hors-la-loi –, que j'avais fini par penser que mon père avait un passé de brigand. C'était assez clair qu'il faisait loustic et indiscipliné – « un drôle de loustic », me confiait-elle. Sans foi ni loi, il était. Elle laissait entendre des choses lourdes qu'il avait commises et qui ne pouvaient être que des méfaits. Aussi, d'instinct, pour me placer dans son sillage, je songeais à faire un coup – quelque chose qui une mettrait en valeur à ses yeux. Nous serions tous les deux des bandits, il serait fier de moi ! Nous serions complices...

J'ai profité de l'occasion qui était trop belle. Mon père est entré dans cette boutique – quoi faire ? Je n'en sais rien. Peut-être acheter des allumettes pour allumer sa cigarette... Il fumait pas mal, mais il n'a jamais eu de briquet. Souvent il demandait du feu aux gens quand il avait fini de lécher sa clope et de la lisser, toute mince. Ou bien il cherchait un renseignement – il était très fort pour parler aux gens qu'il ne connaissait pas, nullement intimidé par rien. « Quand on a fait la guerre, mon vieux, on n'a plus peur de rien ! » il disait.

Encore une fois j'ignore ce qui nous avait amenés à la ville tous les deux. À la réflexion ma mère était peut-être malade, au lit – ça lui arrivait. Il est possible qu'il existait un rendez-vous chez un des docteurs pour moi – celui des nerfs par exemple, et que plutôt que de laisser tomber ce rendez-vous pris de longue date – il n'y avait pas de téléphone pour en obtenir un autre –, ma mère s'était résignée à me faire conduire par mon père, très exceptionnellement, le cœur déchiré. Mais alors je n'en ai aucun souvenir ; car la séance se serait passée sans pathos, avec les deux hommes échangeant des vues sur la politique – mon père adorait ramener la politique du moment sur le tapis, partout. Pétain, tout ça… Un nommé Laval aussi. Des noms voltigeaient sur ses lèvres de truand, tout le temps avec le monde qu'il rencontrait là où il allait…

En tout cas j'étais resté sur le trottoir devant l'étal des fruits et des légumes. C'est pour cela que je sais qu'on était en juin, ou à la fin mai, à cause du cageot de cerises légèrement penché vers la rue, vers le client. Des cerises rouge foncé… Là m'est venue l'idée : si je prenais une poignée de cerises pendant que mon père occupait le boutiquier à l'intérieur – personne à droite, personne à gauche dans la rue –, je commettrais un vol qui montrerait de quoi j'étais capable. C'était la hardiesse même. J'ai mis la main dans le cageot et soulevé une poignée de cerises avec leurs queues entremêlées ;

puis je me suis éloigné de quelques mètres, assez vite mais pas trop, avec un sentiment de triomphe. Je me sentais le digne fils de mon père : un sacripant à part entière. Il allait être content de moi !... Je l'attendais pour le partage du butin, comme ça doit se faire.

Quand il est ressorti il m'a cherché du regard, puis il est venu vers moi. Je lui ai montré ma poignée de cerises, discrètement, en tournant le dos à la boutique à la manière des vrais voleurs. Il a eu l'air surpris. Il a demandé : « Où est-ce que t'as trouvé ça ? » J'ai indiqué l'étal, là-bas. Mon père s'est agité et j'ai senti tout son malaise. « Il ne faut pas faire ça », qu'il a dit – mais il a pas crié ni rien. Il était embêté surtout. Il a même rougi, vaguement. « Personne t'a vu ? – Non ».

J'ai immédiatement compris que je m'étais trompé. Ça ne lui faisait pas plaisir du tout... Il ne se fâchait pas, aucun grand air offusqué ni grands chevaux de vertu, mais il a répété sur un ton tellement navré : « Il ne faut pas faire ça, tu sais. » Alors j'ai eu l'intuition que ma mère m'avait induit en erreur – profondément. Ce côté bandit qu'elle lui prêtait, c'était du vent... Elle disait n'importe quoi alors, merde !

Nous avons mangé les cerises, tant pis – nous n'allions pas les jeter. Il y en avait cinq ou six, ma main était petite en ce temps-là. Les rapporter aurait été dangereux, du coup... Elles étaient juteuses.

La séquence s'arrête là, sur mon père qui avait porté une cerise à sa bouche – un instant de complicité tout de même. Nous sommes partis, mais je ne sais pas où, ni plus rien de ce jour. C'est une sorte d'arrêt sur image au soleil.

Et je n'ai plus rien volé de toute ma vie… Je n'ai jamais pu piquer quoi que ce soit à personne.

Même pas un livre à l'époque où c'était pourtant la mode de voler des bouquins dans les librairies. Des types très bien éduqués s'y exerçaient, ils s'en faisaient gloire. Ils appelaient ça de la « récupération ». Peut-être leur avait-on menti aussi ?… Moi je ne pouvais pas. J'étais resté sur mon bout de film interrompu. C'est dommage. Ce fut un blocage parmi d'autres – j'en ai tant eu ! On pourrait dire que la cerise ne m'a pas porté chance, mais c'est un jeu de mots facile.

Deux chagrins dans une cuisine

Clara Dupont-Monod

La dame pleurait derrière son portail. Tête baissée, main en visière. L'enfant ne voyait qu'une série de bagues en or qui tressautaient devant le front. Au-dessus, des cheveux courts, très bruns, dansaient d'avant en arrière, comme une drôle de révérence adressée au soleil. Il tapait contre les bagues et les cheveux bruns, et l'enfant fut émerveillée de cette puissance de métamorphose. Le soleil partait d'une dame en pleurs pour la transformer en poupée de lumière et de sursaut. Et la scène était posée dans la montagne, parmi d'énormes bosses vertes. La montagne offrait toute sorte de spectacles.

Sa mère disait «Allons, madame Grudeau». Elle prononçait ses mots lentement, de façon très concentrée, comme si elle venait de les apprendre.

Une fine sueur recouvrait ses tempes. L'enfant se demanda si cette rosée venait de la pente qu'elles venaient toutes les deux de gravir ou si l'émotion de Mme Grudeau était contagieuse. Sa mère fronçait les sourcils. Elle semblait absorbée par cette émotion. Une main posée sur son ventre, l'autre serrant celle de la petite fille, elle regardait fixement la voisine, répétant «Allons, madame Grudeau». Pour la première fois, l'enfant prit conscience que ce n'était pas seulement un ventre plein qui pouvait aspirer sa mère loin d'elle, mais aussi quelque chose d'extérieur, un élément du décor, comme une voisine pleurant derrière son portail. Parfois, les gens étaient aussi dangereux que des enfants à naître. Ils possédaient ce pouvoir d'attirance et de déviation. On pouvait toujours résister, cumuler les bêtises et les cris : les gens seraient plus forts. Ils provoqueraient des embardées. Ils emporteraient les amours. Derrière le portail, Mme Grudeau faisait sa danse du ventre, offrait ce qu'elle avait de plus précieux pour aimanter la mère : ses sanglots, sa détresse accaparaient toute l'attention. La petite tira un peu sur la main de sa mère, pour voir.

Mme Grudeau hoquetait. «C'était un barbecue. Il arrosait la pelouse, ce n'est pas comme un accident de voiture, où vous attendez qu'il rentre, ce n'est pas comme une maladie, on a le temps de s'y habituer, non, c'était un barbecue avec des amis. Il est tombé, comme ça, devant les amis. Comme ça. Il préparait le barbecue. »

L'enfant tourne la tête. La pente goudronnée s'arrête devant chez elle, comme si la maison décidait la fin des routes. Ensuite, le chemin rétrécit et se transforme en sentier qui monte jusque chez l'apiculteur, en haut de la montagne. L'enfant est fière de cet emplacement. Elle entend souvent sa mère dire : « Vous trouverez facilement, nous sommes tout au bout. » La maison surplombe. Elle domine le village, les gens, la peine des voisins. Celle des Grudeau est située juste avant. L'enfant salue toujours quand elle passe devant leur portail. Elle a vu plusieurs fois le mari devant son barbecue. Il porte des mocassins à talonnettes. Il n'a plus beaucoup de cheveux. Son visage est large, souriant. Sa chemise est ouverte sur un médaillon en or. La petite comprend qu'elle ne le verra plus attiser les braises, qu'elle ne sentira plus l'odeur des saucisses grillées qui embaume l'air du soir, quand les sommets se gorgent de lumière dorée. La lumière de sept heures du soir : l'instant préféré de l'enfant. Assise dans le jardin, devant la porte vitrée, elle observe l'extraordinaire paysage. Un grand silence recouvre tout. Au-delà, les montagnes luisent, somptueuses vigies de l'enfance. La maison des Grudeau est une tache noire sur fond vert.

Le lendemain, elle passe vite devant le portail. Son cartable est trop lourd pour courir. Elle redoute les pleurs de Mme Grudeau. Mais, en fin d'après-midi, alors qu'elle remonte la pente, la tête pleine de souvenirs d'école, elle aperçoit le dos de la voisine, dans son jardin. Elle est penchée sur ses fleurs. Elle porte des gants en caoutchouc noir. L'enfant presse le pas. Pour la première fois, elle passe sans signaler sa présence. Dans le jardin, sur sa gauche, sommeille un monstre penché sur des fleurs. Elle garde les yeux baissés. Chaque détail du chemin l'aide à avancer. Les minuscules poussières accrochées aux lanières de ses sandales. Les graviers mêlés aux brins d'herbe. Des arcs de terre presque invisibles, dernières traces du passage d'un troupeau. La route absorbe la terre. Son sommet accueille les braves, les sans-chagrin. Les autres restent derrière un portail. D'ailleurs, chez elle, il n'y en a pas. Deux petites colonnes pierreuses encadrent un espace suffisamment large pour une voiture. Ensuite, l'herbe dans tous les sens, la maison, et derrière, la forêt de sapins. Quand la petite passe entre les deux colonnes, la sueur coule dans ses yeux. Elle aperçoit la balançoire, l'escalier de pierre grise qui monte vers les portes vitrées. Elle aperçoit un monde tendre et connu, hors-de-danger. À l'instant où elle pivote, très légèrement, pour se diriger vers l'escalier, son corps tourne trop. Il rate sa cible, la contourne, et se retrouve face à la maison des Grudeau, que la hauteur permet de voir dans son ensemble. Large bâtisse moderne et blanche, sans étage. Pas de toit en ardoise, comme par ici, mais des tuiles orange. Pas de terre, mais du gravier propre. Un parvis surmonté d'un auvent de bois. Des dalles carrées couleur de terre cuite, posées sur l'herbe rase. Un portail qui hérisse ses piques. Et au milieu de cet impeccable désordre, une silhouette parfaitement redressée, aux mains gantées de caoutchouc noir, dévisage l'enfant.

Une nuit, des mains la secouent doucement. « Réveille-toi ma chérie. Maman a mal au ventre. On file à l'hôpital. Tu finis la nuit chez Mme Grudeau. Viens. » Le sommeil empêche les choses d'arriver jusqu'à la tête. Il les bloque à l'état d'informations plates, à des gestes mécaniques. Elle s'habille mollement, sans saisir l'enjeu. Elle rêve simplement d'un lit pour s'allonger. Dehors, l'air est tiède. Blottie contre l'épaule de son père, elle entrouvre les yeux. Tout est sombre. Les montagnes sont d'énormes animaux qui murmurent en dormant. Elle entend le hululement d'une chouette, mais peut-être est-ce sa voix à elle. Son père marche avec précaution. Ensemble, ils descendent vers le noir de la nuit. Chaque pas la soulève un peu.

Elle s'accroche aux épaules. Elle perçoit le chuintement d'un portail qu'on pousse. Les graviers crissent. Ensuite, il y a des murmures, des lumières aveuglantes et trop de portes ouvertes pour quelqu'un qui a sommeil. La pièce semble vide, le drap sent la lessive. Des mains lâchent son corps comme un paquet encombrant. Il y a un traversin. L'enfant préfère les oreillers, glisse-t-elle à son père alors qu'elle aurait tant voulu lui dire adieu. Quand elle se décide enfin à l'appeler, il est parti depuis longtemps. Elle l'appelle plus fort. Sur le plancher, la nuit projette des ombres d'oiseaux. Peut-être que, dans la voiture, ses parents entendront son cri. Elle imagine l'habitacle sombre et ronronnant. La route défile, bordée de sapins. Sa mère respire lentement. La voiture progresse dans l'obscurité. Avec un peu de chance, elle fera demi-tour. Le visage de Mme Grudeau apparaît dans l'entrebâillement de la porte.

Elle ouvre et ferme les placards au-dessus de l'évier. Elle s'active avec lenteur, avec minutie, comme si les tasses étaient de gros bijoux. La cuisine donne sur le jardin. Les fenêtres sont de grands rectangles noirs. Assise à la table, la petite observe. Elle a posé sa joue contre ses bras croisés. Sa tête est trop fatiguée pour se tenir droite. Elle regarde cette silhouette enveloppée de mohair rose, qui prépare une tisane avec des gestes de joaillier. Elle lisse le sachet de tisane, décroche doucement du socle la bouilloire électrique. Les objets obéissent. L'enfant cligne des yeux. Elle pense au mari disparu. Est-ce qu'il était habitué à cette robe de chambre rose ? Au maniement si doux de la vaisselle ? À ces mains qui caressent les petites cuillères et les posent sur la table avec regret ? Ailleurs, les pères lâchent des enfants sur des lits. Les larmes lui montent aux yeux. Elle ne sait pas si la douleur au ventre est encore supportable, si le bébé lui laissera sa mère. Elle sait juste que la vie offre parfois le sentiment de valoir moins qu'une petite cuillère. Elle pourrait rester ici longtemps, à observer Mme Grudeau. Quand celle-ci se glisse sur la chaise en face, et qu'elle étreint la tasse de ses deux mains, la petite comprend le lien étrange qui unit le chagrin à la tendresse.

Pour plus que tu meures

CATHERINE ENJOLET

On dirait l'homme invisible.

Ta veste est suspendue au cintre. Juste au-dessus de tes chaussures. Les vernies, les noires, toujours impeccables.

Silence. J'ai mal à la tête. Silence qui cogne comme un sourd. Qui résonne dans la chambre. Qui bat.

– T'es là ?

Silence. Je devrais crier, avoir peur. Je ne respire pas. Je voudrais m'approcher. Toucher. Sentir l'odeur de ta veste à carreaux, j'aime bien quand tu pues bon la transpiration, quand tu travailles le fer et que tu fais des étincelles, quand tu fais crépiter l'obscurité.

En bas, ton atelier de soudure est fermé.

Il y a un ruban noir à la poignée.

Je te cherche partout. J'ouvre l'armoire.

Est-ce que je chauffe ? Et là ?… Plus loin ?…

Je ne vois pas. Je ne vois rien. Je voudrais que tu me parles. Que tu m'appelles. Je sais que tu me regardes, que tu me vois. Silence.

« Disparu », c'est ce qu'elle dit la voisine, en levant les yeux au ciel. « C'est triste de disparaître ! » Elle me donne des bonbons et ma copine soupire que j'ai de la chance alors je la laisse goûter mes mistrals gagnants, ou lécher mes sucettes. « Disparu ? » À tout instant, je te cherche. J'attends que tu apparaisses. Maintenant ou tout à l'heure peut-être… Pas demain ! C'est trop loin. Je te guette.

Je regarde tout le temps en l'air. Même en promenade, je surveille.

– Fais attention où tu marches !

La concierge a expliqué à la voisine. « Arrêt du cœur. » Moi aussi, c'est dans mon cœur que ça menace. Je panique.

Ça tambourine dans ma poitrine. Ça mitraille comme dans les films de guerre quand j'écrase mes paumes sur mes oreilles pour que ça s'arrête.

J'ai les joues et les yeux en feu. La fièvre qui monte. Qui monte. Qui monte… Ça affole ma mère et ça se termine toujours pareil : piqûres, hôpital, infirmières…

C'est encore pire dans le service des enfants malades. Pas le droit de crier, je t'appelle en douce dans l'oreiller. Les surveillantes menacent... Chut ! Ça fait grimper la fièvre. Chut !... Les nuits suffoquent sans bruit sous les draps et quand les infirmières du matin surprennent mes joues encore mouillées alors elles aussi, comme la voisine, comme la concierge, lèvent les yeux au ciel. Ça ne sert à rien de pleurer !

Je te vois, moi. Je peux te surprendre dans la rue. N'importe où. Je t'ai vu hier. J'aurais voulu courir, te rattraper, tu es passé si vite sur le trottoir d'en face. On m'a retenue par le bras. « Arrête, voyons ! » Il paraît que ce n'est pas bon pour moi. Il ne faut pas que je me retourne sur tous les yeux bleus qui passent, c'est ce qu'on me répète à chaque fois. J'ai voulu t'appeler, te dire... J'ai la gorge serrée. Je ne peux pas parler. Ma langue colle comme du chewing-gum au palais. J'ai peur d'étouffer.

Parfois, je peux te voir même à la télé. Tes yeux, je les reconnais toujours. Partout. Je ne le dis pas parce qu'on ne me croit pas. Des yeux bleus en gros plan et ça y est, on me reproche d'être scotchée à l'écran ! On répète que je me trompe, que c'est pas toi, que c'est comme avec le beau monsieur du Luxembourg, que j'ai suivi à bout de souffle jusqu'à ce qu'il se retourne... Et voilà ! Vlan ! Sonnée comme contre un mur invisible. On m'a ramassée. Cassée. On te l'avait bien dit !

– Tant pis, même pas mal !

T'es plus beau, toi, que tous ceux qui passent. Beau comme sur la photo encadrée dans la salle à manger, c'est moi qui ai fait le cadre à l'école avec des coquillages.

De là-haut, toi aussi tu me vois. Tu vois tout ; le curé l'a expliqué et même que ça me gêne un peu parfois. Tourne-toi…

Le soir, je fais vite pour te faire signe avant que la nuit ne t'efface. Faut pas que je reste comme ça, tard, devant la fenêtre. Allez ouste, au lit. Vite !

– La nuit tombe !

Tombe ? Moi, je panique, je supplie… Je me cache sous les draps. Je voudrais hurler comme dans les cauchemars. T'appeler. Mais je ne peux pas.

Ça y est, j'ai trouvé un accès vers les toits. Je sais ouvrir le vasistas sur le palier. C'est facile de traverser les combles quand personne ne me voit. Toi aussi t'es passé par là ? C'est quelle échelle pour le ciel ? Ça glisse sur les toits ?

Là-haut, je me tiens sur les pointes des pieds, je tends le bras quand les nuages passent. Pas de chance, il a fallu que la concierge m'aperçoive de la rue, et pousse des hurlements jusqu'à ameuter les passants. Elle est folle cette gamine ! Ça fait des histoires. Depuis, je ne peux plus mettre un pied au ciel.

Je m'en fiche. Je monterai quand même. Je m'entraîne à la marelle. La marelle-avion, tu connais ? Ça va haut. En sautillant, petit à petit, je progresse. J'aime bien racler la boîte en métal sur le trottoir, la lancer loin, faut pas marcher sur les traits, je saute sur un pied sans tomber, sinon je repars à la case Terre. Je ne triche pas même si je te dessine des petits signes – le cœur à la craie rouge, tout petit, que personne ne peut voir, c'est pour toi. J'avance pas à pas. Je gagne. Tous les jours, je joue à toucher Ciel.

Les jours de pluie, je ne peux rien t'écrire sur les trottoirs mouillés, alors je me débrouille à la balle pour approcher le ciel quand même. Je jongle assez haut pour que tu rattrapes ? Je peux jouer aussi à la corde, pas la corde à sauter des petites filles, la corde à nœuds. J'ai un premier prix de gym grâce à toi ; je suis la meilleure au grimper. On ne sait pas comment je fais puisque je n'entends rien de ce qu'on me dit, que je n'écoute, paraît-il, aucun conseil mais j'y arrive toute seule à la force des bras. Je touche le plafond du préau.

« Holà !... tu veux grimper jusqu'où comme ça ? »

Je me suis fait punir à la fête des Pères. Pas le droit de cueillir les pensées des parterres, même celles que tu préfères, les bleu nuit, tu sais...

Il paraît que je parle toute seule.

Je ressemble à un poisson rouge qui cherche l'air, j'ai toujours les lèvres qui s'entrouvrent. En deux temps. Deux syllabes. Je murmure en silence. Les mots sur le bout de la langue.

Sur le bout du cœur. Des mots qui ne passent pas. J'ai des *je t'aime* qui se pressent sur mes lèvres, comme jaillissent les pièces d'or de la bouche des princesses dans les contes des fées... *Je t'aime.*

J'égrène les murmures en chapelet de prières et les mots montent comme l'encens à la messe.

– À qui tu parles ?

Ça agace la maîtresse.

– Si tu n'as rien à dire, tais-toi !

Je chuchote comme je respire, c'est la maîtresse qui l'affirme, et ça la gêne même si je ne fais pas de bruit. Même toute seule, même au fond, il paraît que je parle quand même. Je dérange.

– File au fond de la classe !

En plus, j'ai toujours le sourire aux lèvres. Agaçante ou tête à claques. Il paraît que je suis « bizarre ». Toujours dans les nuages. « Absente » dit la maîtresse qui ne comprend pas que c'est toi qui n'es pas là.

– Ouste, dans la cour !

Tant mieux ! Rester sous les marronniers, j'aime ça. J'ai des oiseaux plein la tête. Le matin, j'ouvre la fenêtre aux pigeons ramiers qui me réveillent en faisant résonner les gouttières de leurs coups de bec, je sais que c'est toi qui me les envoies pour que je me lève. Je gazouille dans le silence de la cour. Je plie des papiers minuscules pour leur attacher à la patte. Ça y est ! Les tourterelles pointent droit vers le ciel.

Hé ! Ho ! Là-haut ! T'as du courrier !

Il y a du bonheur plein le ciel. Des cui-cui plein les oreilles.

La maîtresse n'en revient pas que je chuchote même quand je n'ai personne à côté de moi. Forcément, elle ne sait pas. Elle ne connaît pas, elle, les mots qui font des guillis dans la tête. Des chatouilles sur la bouche. Des mots qui font des papouilles.

Certains jours, la directrice ou la surveillante soupirent en me passant une main dans les cheveux. Dans ces moments-là, je sais qu'elles me plaignent. Seule, moi ? Tout le monde le croit parce que personne ne te voit. Elles lèvent encore les yeux au ciel. Elles m'appellent « ma pauv' p'tite ».

Elles répètent : « La mort, y'a rien à faire ! » Elles ne savent pas que tu chuchotes dans mon sommeil, que tu me préviens dans mes rêves : « On te dira que je suis mort, mais ce ne sera pas vrai. »

Je tape sur les nerfs de ma grand-mère. Je suis sans arrêt sur le « qui-vive ». La concierge, elle, dit « à l'affût ». Je ressemble à son petit chien quand il flaire partout son maître. Te chercher ? Il paraît que c'est vraiment pas la peine.

– Regarde-toi dans la glace !

Ma grand-mère dit : «Tout est là ! » Tes yeux ? Tes cheveux ? Ton regard ? Trait pour trait.

– Mais regarde !

Face à face dans la glace. Vide, le miroir. Rien ! Je ne me vois pas. Tous les deux pareils. Transparents. Portrait craché ! On se ressemble. Sang pour sang. La fille de l'homme invisible, oui, c'est moi.

Ma copine dit que je n'ai plus de papa. Elle non plus, elle ne sait pas. Je me débats. Je fouille les jours. Les nuits. T'es là ? Trouve-moi ! Je te cherche dans mes rêves. Dans les étoiles. Je te cherche dans l'univers. Je remuerai terre et ciel. Je te retrouverai. Elle me nargue, ma copine avec son papa. Elle se régale : « Mon *PA-PA* à moi. » Je répéterai bien les syllabes comme elle. Je les garderai sucrées comme les boules magiques, comme les roudoudous à faire durer dans ma bouche.

Plus de papa ?

Les mots collent au palais, s'emmêlent. Je répète... plus ? Ça chahute dans ma tête. Pas juste !

Papa... Je bafouille... *Paplus*...

Je suis perdue.

J'ai le cœur gros. Lourd. Mon cœur à moi aussi va s'arrêter peut-être ? Les nuits menacent. Grimacent. D'où je viens ? Où je vais ? J'ai peur du noir. Du vide qui engloutit. De la vie. Je suis un grain de sable, c'est la voisine qui l'a dit. Je ne veux pas vivre ! Je panique. Pas mourir ! Ça tourne. T'es où ? La mort, c'est quoi ?

Je crie sans rien dire. Je cogne le lit. Je frappe la nuit. J'arrache les étoiles.

– Pourquoi on vit ?

J'ai demandé à la maîtresse. Elle ne sait pas et même que ça l'agace des questions comme ça. On est en classe ! Tout rouge, qu'elle se fâche. Je ferais mieux de travailler ! Puisque j'ai tant à dire, à raconter, je ferais bien d'écrire. Elle me met le nez sur mon cahier. Allez ! Elle me voit souvent dans la cour tracer, sur le sable des bacs, des lettres que j'efface, vite, pour que personne ne les lise. Tout le monde rit.

Silence ! Tout le monde se moque comme chez

moi lorsque j'ai demandé en rentrant de l'hôpital des enfants malades : « Il est encore mort, papa ? »

Fallait pas.

« Mort » ? Mot poignard. Ma mère dit « décédé ». « Un peu de tact ! » rappellerait ma grand-mère. Ne pas confondre les morts pour-de-vrai et les « d.c.d. » qu'on ne peut simplement pas voir. J'inscris respectueusement ces lettres à la ligne : « Profession du père » sur les fiches de renseignements scolaires.

– Allez ! répète la maîtresse.

J'écris, oui… Je m'applique. Pleine page. Chaque syllabe te parle. Plus je dois me taire et plus ça hurle en moi. Je tremble. Les lignes cassent. Je recommence. Ne pas lâcher le fil jusqu'à toi. Vertige. Plus tard, j'écrirai des histoires. À chaque mot, tu comprendras. Des histoires qui ne finissent pas. À la vie. À la mort. À chaque phrase : *Je t'aime.* À chaque ligne. Chaque jour. Chaque nuit. *Je t'aime.*

J'ai des mots à tue-tête. Qui palpitent. S'amplifient. Deux temps. Deux syllabes. Qui battent. Tam-Tam. Au rythme des pages.

Pour que tout recommence. Pour plus que tu meures.

Plus jamais.

À chaque lettre à la craie.

À l'encre.

Sur le sable.
Sur l'écorce des arbres.
Sur les pages.
À chaque mot, comme une promesse… *Je t'aime.*
À chaque souffle de sang… *Je t'aime.*
À chaque souffle de toi.

… Papa

L'Envers de la médaille

MICHÈLE GAZIER

Pauline, ma petite fille de trois ans raconte à qui veut l'entendre qu'elle a un bébé dans son ventre, deux papas et deux mamans et, depuis qu'elle est tombée en amour du dessin animé *Nemo*, un poisson dans la gorge. Lorsqu'elle affirme cela, Pauline ne ment pas. Elle dit sa vérité qui n'est pas la réalité.

Lorsque je regarde du côté de ma propre enfance, les histoires qui me viennent épousent plus les contours de mes sentiments que ceux de ma réalité. En un mot et pour paraphraser Chateaubriand, je peins mon propre cœur en l'attribuant à une autre. Et le cœur a ses raisons que la raison ignore…

Se calmer, vite, se calmer. Fermer les yeux, oublier les lumières trop vives de la pièce. Ne plus respirer cette poussière parfumée de maquillage – poudre ou talc – dont on recouvre le visage de ma voisine qui rit de bonheur à se voir si belle en ce miroir. J'étouffe. Je ne contrôle plus ma respiration. J'étouffe. Une voix près de moi m'arrache à la panique.

– Oui, c'est cela, gardez les yeux fermés, et détendez-vous ! Le maquillage doit être un moment de relaxation. Je vais appliquer une serviette chaude sur votre visage pour vous aider à décompresser.

La voix est douce mais ferme. Je laisse aller ma tête contre le dossier du fauteuil. Les yeux clos, j'attends le contact avec le tissu humide qui éloignera ces milliers de particules, toutes ces poussières qui gravitent autour de moi. Deux mains expertes ouvrent mon col, dégrafent mon chemisier, glissent une serviette en papier autour de mon cou. Je pourrais m'endormir sous la compresse tiède, dans le bourdonnement des conversations voisines.

Tout à l'heure, il faudra reprendre mes esprits, mobiliser toute mon attention. Me montrer coopérative, dire combien je suis honorée, etc.

Le journaliste qui m'invite est passé me saluer dans le couloir tandis que j'attendais ma séance de maquillage. Son visage était couleur abricot et sa peau avait la matité épaisse des portraits au pastel. Sans doute a-t-il surpris mon regard vaguement écœuré. Il a plaisanté sur « le rite du fond de teint et de la poudre » qui empêchait la peau de briller sous les lumières.

– C'est nous qui devons briller, pas notre épiderme, a-t-il ajouté en riant de son trait d'esprit et, à sa manière de solliciter mon rire, j'ai compris que ce n'était sans doute pas la première fois qu'il servait cette plaisanterie à un invité.

L'éponge tiède sur mon visage dégage un léger parfum. Une odeur de propre qui m'emporte loin dans le temps. Je suis dans la petite cour de notre immeuble et maman étend le linge qu'elle vient de laver. J'aime l'odeur fraîche de la lessive. J'ai quatre, cinq ans peut-être, et je ne la quitte pas d'un pouce. Je l'aide. C'est toujours ce que je lui dis : « Je t'aide, maman ! » ou le plus souvent sur le ton de la revendication : « Non, c'est moi, je t'aide, c'est moi. » Ce « je t'aide » peut accompagner tous les actes du quotidien car je veux tout faire comme maman, avec maman. Je suis grande. Du reste elle m'appelle comme ça : sa « grande ». Ce « grande » ne s'oppose à aucun « petite ». En réalité, je suis seule avec elle et mon père. Nous habitons un minuscule appartement : deux pièces en comptant la cuisine. Il y fait toujours sombre car nous sommes au rez-de-chaussée. Notre entrée donne sur une courette où la gardienne entrepose les poubelles. Et comme elle aime bien maman, elle lui permet d'y étendre son linge et parfois même, elle m'y laisse jouer, sans faire de bruit, pour ne pas déranger les voisins des étages qui n'aiment pas entendre les enfants crier.

Je suis une enfant plutôt silencieuse. Sentencieuse et silencieuse. Je parle peu mais toujours à bon escient. Plus tard, quand on m'inscrira à l'école, les maîtresses diront avec une certaine perplexité que j'ai toujours le mot juste et que je suis rapide. Depuis toujours, ma mère est fière de moi parce que je calcule plus vite que la vendeuse de légumes qui fait encore ses totaux sur une feuille de papier. Pour me récompenser de ma célérité, la patronne, que j'amuse comme l'amuserait un singe savant, me donne parfois une pomme ridée ou une banane tigrée, trop mûres pour être vendues. Maman voudrait que je refuse «ces dons de charité», dit-elle, mais moi je les accepte car ils sont la récompense de mon talent. Et bien sûr ils rejoignent la poubelle dès le retour à la maison.

Alors pour oublier la tristesse de maman, sa colère rentrée et la perte des cadeaux de la maraîchère, je sors l'échiquier de mon père, qu'il protège en l'enfermant jalousement dans un placard et je joue toute seule des parties imaginaires. Ma mère me regarde mimer les gestes des grands, dit-elle. En réalité, elle ne sait pas encore, personne ne sait que je ne mime rien, je joue vraiment. J'invente des parties. Alima, contre Aline. Parfois c'est Alima qui gagne et parfois, Aline. Dans les deux cas je sors vainqueur car je suis Alima pour les intimes et Aline pour les autres. En réalité, tout le monde m'appelle Al, c'est plus simple et ce n'est qu'un demi-mensonge.

Je range toujours l'échiquier avant le retour de mon père.

Même si désormais il ne joue plus aux échecs avec personne, il garde l'échiquier en bois précieux et les pièces taillées dans une pierre verte et lisse comme un bonbon à l'anis, en souvenir des jours anciens, en attendant peut-être des jours meilleurs. Il est si fatigué le soir qu'il ne songe qu'à se reposer. Sa petite fille doit être sage, ne pas faire trop de bruit. Les retours de mon père mettent toujours un terme à mes jeux. Papa allume la télé et regarde sans les voir les images du monde. Il n'aime que les informations. Alors comme elles m'ennuient, je rejoins maman dans la cuisine et je compte tout ce qui me tombe sous les yeux. Les légumes du couscous, les lentilles qu'il faut trier car elles dissimulent de petits cailloux, les casseroles dans le placard, les carreaux des fenêtres qui donnent sur la cour. J'additionne, je soustrais, je multiplie… Les chiffres sont mes meilleurs amis. Je leur ai inventé des couleurs et des aventures. Quand les autres comptent avec difficulté, moi je me raconte des histoires dont les héros sont trois, six, neuf et surtout zéro, le vrai Zorro de la saga des nombres.

C'est fou comme penser aux chiffres me détend. La maquilleuse qui, à présent, passe du fond de teint sur mon visage à l'aide d'une petite éponge mouillée m'encourage :

– C'est cela, détendez votre bouche, souriez, laissez vos muscles s'étirer.

Je ne réponds rien. J'ouvre juste un œil pour lui signifier que je me sens mieux, plus sereine. Puis je le referme aussitôt craignant qu'elle ne veuille se lancer dans une de ces conversations où, inévitablement, on me demande d'où me vient cette dextérité arithmétique, en général les gens parlent de « génie mathématique si rare chez les filles » et moi, je n'ai rien à leur répondre. Car ce que je pourrais leur dire ne saurait les satisfaire. Et je n'ai pas envie de mentir encore une fois, comme je l'ai toujours fait, comme je le ferai sûrement tout à l'heure devant les caméras.

Comment leur dire que les chiffres sont mes amis et les calculs, mes exercices de résistance ? Comment leur faire comprendre que sans eux je serais encore une de ces gamines qu'on arrête dans le métro – délit de sale gueule –, dont on vérifie sans cesse l'identité, qui tremble à tous les contrôles de police parce que son visage la dénonce comme fille de bougnoule, melon, émigré ?

– Vous avez un teint de vacances, un teint parfait, me dit de sa voix ferme la maquilleuse dont les mains s'activent sur mon visage.

Je voudrais lui demander pourquoi, alors, sa petite éponge humide ne cesse-t-elle pas de passer et repasser sur ma peau. Mais je me tais. Ce qu'elle fait de moi m'importe peu. À condition qu'elle n'utilise pas sa houppe de cygne gorgée de poudre. Je la préviens, je fais une allergie à la poudre. Elle corrige :

– À la poudre libre, d'accord, mais pas à la compacte. Vous connaissez la poudre compacte ; c'est une sorte de fond de teint solide. Vous ne pouvez pas étouffer.

Je suis résignée. Je ne dis plus rien, je reprends mon voyage intérieur. Je puise des forces dans mes souvenirs pour mieux affronter l'œil vide de la caméra. Cette idée me fait sourire. S'ils savaient ce que j'aimerais leur dire…

Quand ai-je compris que nous étions les très malvenus dans cet immeuble où nous vivions entassés dans une pièce qui nous tenait lieu de salon, salle à manger, chambre, débarras, bureau ?

Mon père partait à l'aube sur des chantiers où il passait parfois plus de dix heures par jour, par tous les temps, à construire des immeubles dont il ne connaîtrait jamais le confort. Et ce, au noir, sans être déclaré. Ma mère, elle, aidait en douce une dame portugaise qui ne pouvait pas répondre à la demande de son employeur depuis la naissance de ses jumeaux, mais qui ne voulait pas lâcher cette source, même affaiblie, de revenus. Alors elle sous-traitait une partie de son travail. Maman allait chercher chez elle des caisses de boutons et d'élastiques qu'elle devait fixer sur des cartons qui, ensuite, seraient recouverts de plastique dur transparent et suspendus au rayon mercerie des supermarchés.

J'aimais compter les boutons, jouer à la marchande avec eux, comme s'ils étaient des pièces de monnaie. Certains ressemblaient à des bijoux, à des perles. J'avais une affection particulière pour les petits nacrés blancs même si les doigts de maman étaient blessés jusqu'au sang les soirs où elle en avait garni des dizaines de cartons.

– Voilà ! vous êtes parfaite. Pas besoin de camoufler vos rides, vous n'en avez pas, et vos cils sont si noirs et recourbés, des cils de poupée, qu'on les dirait déjà maquillés. Avec des yeux pareils, vous avez une sacrée chance. On va juste souligner vos lèvres avec un peu de rose. La maquilleuse rit en me tapotant l'épaule et me tire de ma rêverie. Mon reflet dans le miroir n'a pas beaucoup changé. Mon teint est à peine plus sombre. En tout cas plus doré. Mais j'ai ma tête des mauvais jours. Bouche boudeuse et regard noir. Une vraie gueule de métèque. Normal !

La maquilleuse m'accompagne jusqu'à un petit salon où l'on viendra me chercher. J'ai encore une demi-heure à attendre avant d'entrer sur le plateau. Oui, je suis la seule invitée du journal. Non, le journal n'est pas encore commencé.

Une jeune femme me propose une boisson :

café, eau, thé. Je refuse l'ensemble. En ce moment précis, je rêve d'un thé à la menthe comme les préparait maman. La jeune femme me tend quelques magazines pour me faire patienter, dit-elle. Comment lui dire que je ne peux pas lire, que je ne m'impatiente pas, que j'ai simplement envie de rester seule avec ces souvenirs qui m'habitent soudain si fort ?

Les minuscules boutons de nacre, les mains blessées de ma mère, le visage épuisé de mon père et sa peur grandissante alors que je viens d'entrer à l'école car j'ai six ans passés et qu'il est temps de me scolariser. Moi, l'école, j'en rêve depuis des années. Maman a eu beau m'acheter des cahiers, des crayons, un cartable et même deux livres, je n'en peux plus de tourner en rond dans l'univers étroit de notre appartement. Ce ne sont pas tant les enfants que je croise dans la rue qui m'incitent à vouloir aller en classe pour jouer avec eux, avoir des copines. Non ce que je veux, c'est apprendre. Je sais que je sais des choses que les autres ne savent pas. Mais si on m'aidait un peu, je pourrais en apprendre d'autres qui m'emporteraient de plus en plus loin, de plus en plus haut. Quand je rentre dans ma tête, que je ferme les yeux, les chiffres arrivent. Ils sont mes amis, mes complices. Ils ont tous une voix, une couleur, une manière d'avancer ou de reculer. Ils s'inscrivent tous dans des paysages vallonnés et lumineux où je fais, sans bouger, mes plus beaux voyages. Je ne peux partager mes jeux avec personne. Ils sont mon secret.

À l'école que je rejoins avec quelques mois de retard, je ne suis pas vraiment la bienvenue. Les filles de ma classe ne m'invitent jamais à aller jouer et dormir chez elles. Les garçons non plus. Même s'ils sont parfois brutaux ils sont plus gentils. Depuis que je vais en classe, je sens l'inquiétude croissante de maman. Que craint-elle ? Que je ne sois pas à la hauteur de mes petits camarades ? Qu'on me rejette parce que mes parents sont étrangers ? Parce que nous sommes pauvres ? Je suis bien trop jeune alors pour interpréter ses craintes. Et puis, à l'école, j'obtiens des bonnes notes. Très vite je suis la première. On parle de me faire sauter une classe. Là, maman s'affole. Elle refuse. Non, elle ne veut pas aller voir le directeur. Le soir je les entends parler mon père et elle. Entre eux, ils utilisent l'arabe, pas le français. Je ne comprends pas tout de leur conversation mais je devine à leur ton que les choses sont graves. Ce sont mes bonnes notes qui nous mettent en danger. Danger de quoi ?

Une jeune personne est venue mettre le son du téléviseur de la salle d'attente, allumé mais muet jusque-là. Il ne reste plus que dix minutes avant mon entrée sur le plateau, me dit-elle d'une voix timide. Elle viendra me chercher et m'installer pendant la pause publicitaire. Elle me propose de nouveau du thé, de l'eau ou du café. Je refuse le tout encore une fois. Il ne me reste plus que dix minutes pour arriver jusqu'au bout, dix minutes pour convoquer les moments les plus durs de ma vie, ceux que j'ai enfouis et qui ressurgissent là, alors que je vais bientôt passer au journal télévisé pour y parler de cette médaille Fields, la plus haute distinction attribuée à un mathématicien, une sorte de Nobel des mathématiques, qui, pour la première fois depuis sa création, revient à une femme. Cette femme, c'est moi. Je suis, dit-on l'honneur de la France.

Nous sommes à deux jours des vacances de Pâques. Je vais avoir neuf ans et je suis l'oiseau rare de l'école. J'écrase mes maîtres en mathématiques. Des inspecteurs sont venus me voir réduire des équations et résoudre des problèmes de calcul et d'analyse qui figurent au programme de l'agrégation de maths. L'agrégation, j'ignore ce que c'est, mais ces problèmes-là m'amusent. J'ai enfin du grain à moudre. Ma mère tremble chaque fois qu'elle est convoquée. Je n'arrive pas à saisir ce qui l'inquiète. On ne lui fait que des compliments sur sa fille douée comme un garçon et même davantage. Que demander de plus ? Pourtant, je sais bien que mes performances ne m'attirent pas que des amis. Certains parents d'élèves trouvent qu'on s'occupe trop de moi et pas assez de leurs enfants. Moi, je plane. Je ne vois rien de ce qui se trame.

Jusqu'à ce jour de mes presque neuf ans, à la veille des vacances de Pâques où, alors que nous sommes chez nous, maman, papa et moi, quelqu'un frappe à la porte. Nous avons rarement des visites, surtout le soir. Ce n'est pas la gardienne qui, elle, frappe toujours au volet de la cuisine. Mes parents échangent un regard inquiet et c'est moi qui vais ouvrir. Deux policiers en uniforme sont là. Les parents du petit génie sont des sans-papiers, des illégaux. Bons pour un aller simple dans le pays d'origine qu'ils ont quitté…

– La petite guenon savante va pouvoir retourner au pays des chiffres, dit l'un d'eux.

Et comme aucun de nous trois n'a l'air de comprendre – maman est en larmes, papa tremble du menton et moi je n'ai qu'une envie, me blottir dans leurs bras –, il ajoute dans un éclat de rire :

– Chez les Arabes ! On dit bien que les chiffres sont arabes, non ?

La voix du présentateur qui annonce mon arrivée prochaine à son côté sur le plateau pour y évoquer ma distinction m'arrache à la douleur de la scène. Je n'ai pas le temps de m'abandonner à cette souffrance soudain si vive, qui est restée tapie en moi pendant dix-sept ans.

Les premières publicités envahissent l'écran et surtout l'espace sonore. Là où le journaliste parle, la pub hurle. La jeune femme est là qui me guide vers le studio proche. La maquilleuse la rejoint, son éponge à la main. Elle m'en tamponne le front, me sourit.

– Tout va bien se passer, me dit-elle, mais elle a l'air vaguement inquiet. Mon visage exprime-t-il tout ce que ma mémoire a réveillé ?

Un technicien glisse un minuscule micro sous ma veste de tailleur, l'accroche au revers. Un autre me cale dans le fauteuil profond qui m'est désigné. On n'entend que la bouillie publicitaire qui vante les mérites d'un produit de beauté puis, sur le même ton, celui d'un serveur Internet. « Moins une minute », crie une voix en coulisse. Et c'est à moi.

Le journaliste toujours aussi poudré, toujours aussi souriant me présente. Il décline mon nom, Aline Rachet, mes diplômes et me demande de raconter cette fulgurante réussite mathématique que couronne la médaille Field. Je suis, déclare-t-il, triomphant, « la première femme au monde à la recevoir ».

Vais-je lui servir encore une fois l'histoire de la jeune fille méritante, issue d'un milieu populaire, qui a trouvé sa voie et son salut dans les mathématiques ? C'est ce qu'il attend. Il a surfé sur Internet ou fait surfer ses assistants et il sait tout de ma biographie officielle... Vais-je lui redire ce que je raconte toujours ? La merveilleuse histoire d'une enfant prodige pur fruit de l'école française...

– Merci de m'accueillir, je voudrais avant de

répondre à votre question, faire une petite mise au point. Si je suis ici ce soir, c'est grâce à une institutrice et à une association qui se sont battues pour nous sortir mon père, ma mère et moi d'un centre de rétention pour étrangers en situation irrégulière. Moi, j'avais neuf ans, j'étais née en France, j'avais la bosse des maths, et en ce temps-là, je m'appelais Alima Rachid…

Zig et Puce

Benoîte Groult

La découverte de l'injustice quand on est enfant est toujours une expérience cuisante. Je me souviendrai toute ma vie du scandale qu'a constitué ma première rencontre avec l'iniquité qui peut s'abattre sur vous d'un jour à l'autre.

Nous étions ma sœur et moi deux petites filles modèles des années trente, à la manière de Camille et Madeleine de Fleurville, nos héroïnes dans la bibliothèque rose où nous lisions tous les romans écrits par la comtesse de Ségur, des *Deux Nigauds* au *Bon petit diable* en passant par *Les Mémoires d'un âne*.

Nous avions quatre ans de différence, ma sœur cadette Flora et moi, mais ma mère exigeait que nous soyons strictement habillées de la même façon. Je me souviens de ma honte à la vue de nos tenues de printemps de l'année 1932 : jupes écossaises plissées, blazers rouges, petits calots, chaussettes tricotées main avec deux pompons rouges sur le rabat et chaussures à double bride. Flora, huit ans, était mignonne comme un cœur, c'est moi qui avais l'air d'une grande perche déguisée en... mais il n'était pas question de désobéir aux parents qui, avant 1968, n'avaient pas à être contredits ou remis en question par leur marmaille.

Dans la mesure du possible, on nous offrait à Noël les mêmes cadeaux et c'est ainsi que cette année-là nous avons reçu chacune un petit canari jaune. Ils habitaient la même cage mais nous les avions apprivoisés et, en rentrant de l'école, nous faisions nos devoirs, chacune avec notre canari perché sur l'épaule. Dès qu'on ouvrait la porte de la cage, chacun allait se percher sur l'épaule de sa propriétaire.

Le mien était un serin presque adulte avec un beau plumage jaune vif, épais et luisant.

Celui de Flora ressemblait encore à un oiselet avec du duvet autour du cou et du bec et un petit œil noir toujours craintif. Ils portaient les noms des personnages d'une bande dessinée célèbre à l'époque : Zig et Puce.

Dès le petit déjeuner, nous ouvrions la porte de la cage et nous buvions notre Blédine avec chacune notre oiseau sur l'épaule, qui descendait picorer nos miettes sur la toile cirée rose.

Et puis, un matin, ce fut le drame ! Puce se posa maladroitement sur le bord du bol de lait de Flora, ses petites griffes glissèrent sur la porcelaine et l'oiseau bascula dans le liquide brûlant. Il ne se débattit que quelques secondes et Flora ressortit de sa tasse une petite loque gluante aux plumes collées, le bec ouvert et les yeux clos.

On le mit sous l'eau froide, on essaya de lui taper doucement sur le bréchet, d'ébouriffer ses plumes mais, rien n'y fit : Puce resta sur le dos, ses deux pattes raidies dressées vers le plafond.

Flora, qui a l'âme dramatique, se mit à hurler, tentant en vain de réchauffer le petit corps de son oiseau dans ses mains. Alerté par ses cris, mon père accourut, se pencha sur la petite chose inerte et déclara qu'elle ne ressusciterait pas et que sa place était désormais à la poubelle.

– Jamais, s'écria Flora, je vais mettre mon oiseau dans un petit cercueil et je l'enterrerai demain sous un rosier du musée Rodin, comme ça, je pourrai prier pour lui tous les jours !

Ce qui fut dit fut fait mais Flora continuait à verser des larmes de crocodile chaque fois que je sortais Zig de sa cage et le promenais dans la maison tandis qu'il me becquetait affectueusement le lobe de l'oreille. J'y mettais sans doute quelque malignité, ces petites brimades entre sœurs satisfaisant la jalousie de l'aînée envers sa cadette trop gâtée.

Mon père, un latiniste distingué qui puisait ses préceptes moraux dans Sénèque, décida qu'il était temps de nous éduquer à la romaine et nous prit à part un matin pour nous faire part de sa décision :

« Il n'est jamais trop tard, mesdemoiselles, pour apprendre que l'injustice règne en ce bas monde ; c'est injuste que l'oiseau de Flora se soit noyé dans une tasse de lait et que celui de Rosie se porte comme un charme. C'est encore plus injuste que le survivant rappelle sans cesse le disparu à celle dont l'oiseau est mort. Pour rétablir l'égalité entre les deux sœurs, nous allons donner Zig, l'oiseau survivant, à la pauvre Miss…, la vieille anglaise qui vit toute seule dans une chambre de bonne au 6e étage, et qui va connaître la joie de posséder une petite bête à elle, qu'elle soignera très bien, soyez-en sûres – J'ai dit ! », conclut notre père qui se prenait volontiers pour un empereur romain.

Sur le moment, je le pris pour Néron et je me souviens encore de la vague d'indignation qui me submergea à l'écoute de ce jugement et de l'air hypocrite de ma sœur dont les larmes cessèrent immédiatement de couler, comme si son chagrin n'était pas dû à la mort de son canari mais au fait que le mien était toujours vivant !

Je ne saurais dire si cet épisode me servit à mieux supporter plus tard les injustices de la vie mais je sais que j'ai découvert la haine ce jour-là et le sentiment humiliant de mon impuissance. Je regrette de n'avoir pas réagi « à la romaine » et tué mon beau canari.

– Voilà la véritable justice, papa : ils sont morts tous les deux !

Mais j'avais douze ans et j'étais, je l'ai dit, une petite fille modèle. Il me semble qu'aujourd'hui des parents n'oseraient plus agir de la sorte…

Fragments de passé

Christine Jordis

Ils avaient quitté l'Afrique où ils étaient nés. Après le long voyage de retour, les deux enfants, trois ans et quatre ans, étaient descendus sur le quai de la gare, paralysés par l'inconnu et la nécessité, tôt inculquée, de faire bonne impression. Droits et raides, très dignes, ils s'étaient laissés embrasser par leur grand-mère, une vieille dame qu'ils ne connaissaient pas et qui leur souriait sous un chapeau à fleurs.

Leur nouvelle demeure était une maison aux murs épais, serrée dans sa rangée, le long d'une des grandes avenues situées aux abords de la gare du Mans. Solidement massées ces petites maisons, étriquées et toutes semblables, construites à l'image de ces esprits qu'afflige un tout-puissant désir de conformité, c'est-à-dire la peur de paraître différent. Comme les autres, la leur possédait une porte d'entrée peinte en vert. Cette porte donnait sur un étroit vestibule sombre que terminait une porte vitrée aux motifs floraux. Passé ce seuil, on s'enfonçait dans les profondeurs de l'office, le quartier où opérait la bonne. En façade, protégé de la rue par des rideaux de tulle, un salon minuscule, meublé de quelques fauteuils raides, régulièrement espacés autour d'une petite cheminée qui faisait garniture. Situé à l'arrière, le jardin, un simple carré recouvert de gravier que rien, apparemment, ne destinait à un tel honneur, portait en son centre une étrange sculpture en forme de fleur de lys, dernier vestige d'une vaste demeure détruite par un incendie – l'unique témoignage de l'ancienne splendeur familiale, aussi déplacé dans ce cadre que le serait un candélabre de fête au plafond d'une grange.

Autrefois, la famille était plutôt à l'aise, voire fortunée. Mais à ce moment-là, avec l'entreprise du grand-père qui ne marchait pas, avec la guerre qui avait éclaté là-dessus, puis l'arrivée de la troisième génération et ce soudain débarquement à quatre, c'était l'absence d'argent qui réglait l'existence, autant que la nécessité de montrer qu'on en avait, d'ailleurs. Ils n'étaient pas pauvres, non, « gênés » serait plus exact, la gêne, c'est bien le mot, comme on dit « gêné aux entournures », conscient de la piètre figure qu'on fait, restreint dans sa liberté de mouvements. Pas d'espace, pas d'horizon. Peu de présent, mais un passé : des habitudes et des rêves qui ne facilitaient pas l'ajustement à cette existence trop étroite. Pourtant, il fallait porter beau, préserver les apparences. Tyrannie du statut social. Ne pas déroger.

Les apparences. Elles étaient alors une forme de religion. Dans cette ville de province aux strates sociales définies, cimentées, où chacun épiait l'autre, prêt à noter une défaillance, une bizarrerie, il importait de les maintenir. L'ordonnance de la vie ne devait pas changer, non, à aucun prix : une image de prospérité, de solidité, posée comme une chape de béton sur des remous intérieurs que rien, aucun cri de détresse, ne devait trahir.

Une nurse, une vraie nurse diplômée, personnage indispensable à tout foyer se respectant, fût-il appauvri (c'était tout au moins l'idée de leur mère, qui avait une opinion très ferme sur ce « qui se fait » ou « ne se fait pas »), était venue, peu après leur retour d'Afrique, compléter le cercle familial et y jouer un rôle de premier plan – une arme de choix dans l'arsenal des apparences. Suisse allemande, d'âge mûr, sœur Frieda – ainsi la nommait-on – était dès lors chargée de l'éducation de Jeanne et de son frère. Elle ressemblait à une nonne :

l'incarnation d'une austérité ancienne et respectée comme les règles de la vie monacale.

Vêtue d'une longue robe de flanelle blanche que recouvrait une cape noire, à la façon des dominicains, si grande que même en levant les yeux ils ne distinguaient pas ses traits – à moins que, par aversion ou déférence, ils n'aient évité de regarder son visage –, elle projetait sur leur existence l'ombre permanente de sa forme pesante. Une masse sans tête, enveloppée d'une étoffe lourde et sombre, qui du matin jusqu'au soir était chargée de surveiller, contrôler, réduire, définir, diriger leurs mouvements.

Aux deux petits, dûment respectueux et matés, elle apparaissait d'ailleurs moins comme une personne distincte, dotée d'un visage et de sentiments humains que comme un fantôme ténébreux, l'émanation d'un univers clos et privé de lumière, une créature venue d'un autre monde, ni femme ni homme – pas de sexe décelable sous la vaste robe ni dans les traits sévères –, mais présence diffuse et pénétrante, tel un gaz de forte densité remonté d'une cave. Il s'insinuait en eux, mêlé à chacune de leurs impressions. Son influence, comme le soleil ou la pluie ou la couleur du temps qui, subtilement, sans qu'on le sache, modifie l'humeur et le cours des idées, déterminait leurs rapports avec un monde où n'existait pas de cloisonnement, où toutes choses étaient encore indifférenciées.

Après la journée d'école, rentrant dans la chambre des enfants par une fin de journée d'hiver à la lumière incertaine, Jeanne est accueillie par un spectacle inhabituel qui l'immobilise sur place, la pétrifie de peur et d'étonnement – unique séquence conservée par la mémoire obscurcie, qu'elle s'efforce de recomposer.

C'est le soir. Je pénètre dans une pièce déjà assombrie – probablement notre chambre – qu'éclaire un seul halo lumineux. Sœur Frieda, enveloppée de sa cape noire, haute et raide comme une statue, se tient debout, immobile près de la porte. À son côté, je vois une créature étrange, monstrueuse, qui ne ressemble à rien. Elle a la taille de mon frère, à peu près, mais pas son apparence. Le bas de son visage est dissimulé, recouvert de lacets de cuir qui le serrent et le déforment, comme la gueule d'un chien bridée par une muselière. Le monstre est empêtré, tente de gesticuler, il ne peut pas parler. Sœur Frieda vient probablement de le maîtriser. Et puis, sous ce lourd harnachement, tout à coup je le reconnais, je comprends que c'est lui qui se débat, lui, mon frère. Terrifiée, je me précipite chez ma mère. Elle est assise à son bureau où elle écrit calmement, comme si tout était en ordre. Mes révélations ne semblent pas la perturber. «Ton frère est puni», me dit-elle.

Quelle faute innommable a-t-il commise, quelle parole prononcée – un gros mot, une insulte peut-être? ou bien a-t-il parlé quand il devait se taire? Personne n'en sait plus rien. A-t-il dépassé une limite, celle, pourtant bien définie, qui sépare ce «qui se fait» de ce qui «ne se fait pas» ? Je ne puis imaginer son méfait, qui n'a d'ailleurs plus d'importance, seule importe la punition – ce visage méconnaissable derrière le bâillon qui l'enserre – et la crainte horrifiée, vaguement coupable, de celle qui n'est pas punie devant ce corps malmené, transformé, laid comme une menace.

Les deux enfants sortent avec sœur Frieda. À peine franchie la porte, une mélopée familière retentit à leurs oreilles, quelques paroles criées sur un ton traînant et mélancolique, puis, tel un coup de cymbale, une détonation soudaine et fatale, la dernière syllabe qui vous frappe en plein cœur : «Peaux d'lapins... peaux.» Tirant sa charrette, le marchand de peaux de lapin chante sa complainte le long du boulevard Heurteloup. Le «peau de lapins» s'étire indéfiniment, avec une accentuation sur le «d'la», pour mourir dans un gémissement avec «piiins», mais, au moment où l'on se croyait quitte, où la voix du chanteur décidément expire, ce regain d'énergie foudroyant : la reprise brutale du mot «peau» qui, avant la seconde séquence, «marchand d'lapiiins», éclate et achève la phrase musicale à la manière d'un coup de feu – celui sans doute qui tua ces lapins dont les dépouilles, encore sanguinolentes, me semble-t-il, sont accrochées à la petite charrette que tire le marchand.

Portant son butin de mort, des peaux retournées et bordées de fourrure qui pendaient tout autour de l'encadrement de bois, elle débouchait de la place du Palais pour emprunter le boulevard Heurteloup. Les peaux étaient blanchâtres et striées de veines rouges, et cet homme qui les exhibait à travers les rues, comme autrefois on montrait aux foules l'ennemi captif, le vaincu ou le coupable, leur semblait, à son frère et à elle, l'émissaire d'un au-delà vengeur, prêt à punir de mort les lapins et les petits enfants. «Si tu n'es pas sage, le marchand de peaux de lapins va venir te prendre», disait sœur Frieda. À l'apparition de la charrette, ils étaient sûrs que sa promesse allait se réaliser, que le marchand venait pour eux, que demain il tirerait leurs peaux retournées, blanches et parcourues de sang frais, parmi celles de ses lapins qui, un jour, furent aussi sauvages et aussi impuissants qu'eux, les enfants. Aussi, de si loin que lui parvînt le cri, avant même que n'apparût l'effrayant équipage, le plus rebelle des deux, celui qui n'avait pas été sage, commençait à reculer, s'arc-boutant, tirant sur la main de la nurse qui le retenait fermement, se protégeant déjà le visage de son coude relevé en prévision de la gifle qui allait suivre.

Sans doute ce chant lugubre et la vision du sang qui l'accompagnait ne leur faisaient tant peur qu'à cause de l'atmosphère particulière dans laquelle ils vivaient. Le diable était un personnage familier – leur nurse, dans un louable souci de mettre à leur portée l'enfer et ses démons, l'avait surnommé le « babaou » –, il les guettait au coin de la rue, sous les pavés, au détour d'une porte, prêt à intervenir et à remettre dans le droit chemin le fauteur de troubles au cas où, profitant de l'absence pourtant bien improbable de la nonne en cape noire, il aurait eu la tentation de commettre « une mauvaise action ». Maintenue avec cohérence dans un état d'insécurité et de vigilance incessantes, placée sous la menace du surnaturel qui se manifestait à point nommé pour couper court aux velléités d'évasion et les garder dans l'étau serré des règles de la bonne conduite, leur existence était toute pénétrée par la peur de l'invisible. Il sous-tendait le quotidien à la façon d'un abîme béant sous une surface fragile.

Fort heureusement, l'enseignement du catéchisme allégeait, corrigeait grâce à quelques images idylliques, la crainte de ce trou noir, tel le volet du paradis faisant pendant à celui de l'enfer dans les triptyques anciens. Le grouillement confus de la foule des damnés qui tombent en grimaçant dans l'enfer y est irrémédiablement séparé de l'espace lumineux où sourient les élus, béats et un peu stupides, mais là n'est pas la question.

Ils sont dans leur chambre, assis de chaque côté de leur nurse, devant un livre oblong grand ouvert sur la table. C'est *La Miche de pain*. Il est orné de gravures sur bois d'apparence simple et même grossière. Cernés d'un trait épais d'encre noire, ressortant nettement sur la page blanche où ne figurent que quelques lignes en gros caractères, des enfants sages vaquent à leurs occupations. Ils illustrent les préceptes de base que récitent les deux élèves, et qui constituent en fait une suite d'interdictions ; leur sourire, la mine attendrie des adultes, quelques animaux picorant en paix à leurs pieds contribuent à rendre évidente la joie que l'on éprouve à se conformer au Bien, c'est-à-dire à obéir à des parents qui sont des modèles de vertu.

« Tu ne tueras point », ce qui semble relativement facile, vu la faiblesse des moyens enfantins et le peu de liberté qui est autorisée.

« Tu ne voleras point. » Pas trop difficile non plus. De toute façon, les tentations leur sont évitées.

« Tu ne mentiras point. » Là, les choses se compliquent. Passons rapidement sur cette recommandation. On ment par crainte des représailles.

La question est de savoir comment bien mentir, et non comment éviter de mentir.

Au reste, le rythme monotone de la litanie qu'ils savent maintenant presque par cœur leur évite de songer au sens des phrases, ils peuvent les chantonner sans y mettre les paroles et c'est le son qui, leur dictant le nombre de syllabes, leur rappelle le plus souvent le mot manquant. Une plus longue : «Tu ne prononceras pas en vain le nom de Dieu», une autre affirmative : «Tes père et mère honoreras», *ro-no-re-ras*, des *o* et un *a* et des *r*, un train de sons d'égale longueur qui ressemble à une comptine et, comme elle, ne signifie pas grand-chose. Et la musique se dévide, une suite de variations à usage enfantin sur les dix commandements et les sept péchés capitaux. Peu à peu la chaleur et le bourdonnement de leur voix les endorment, l'enchaînement des phrases se ralentit, quelques mots surnagent encore, les plus mystérieux, ceux qui accrochent parce que l'on n'en explique jamais la signification, convoitise, adultère (qu'il ne faut point commettre...), de jolis mots pourtant, parés de tout l'attrait de l'inconnu, convoitise, qui rime avec gourmandise, sa terminaison allongée comme un désir qui attend d'être satisfait, et l'autre, adultère, réservé aux adultes, un mot dur, implacable, dont la dernière syllabe frappe et s'enfonce d'un coup, comme un ordre – taire...

Le problème avec ces enfants joyeux et paisibles, c'est que les deux élèves ne leur ressemblent pas. Jamais, sur ces images, on ne voit pleurer ni trépigner les personnages, jamais une grande personne, la bouche déformée par la colère, ne crie sur eux ni ne les frappe, jamais ils ne mentent ni ne dissimulent, ne haïssent ceux qui les surveillent, ni ne torturent les insectes capturés. Voilà qui déjà affaiblit leur pouvoir. Ils appartiennent au domaine de la lecture du soir et à celui de la récitation, un domaine sur lequel est apposée la pancarte « catéchisme », abstrait et lointain comme une idée, comme la notion de devoir, comme le personnage en soutane noire qui « fait » le catéchisme, comme toute la cérémonie de la messe, avec ses coups de sonnette, ses agenouillements et ses prières tristement égrenées – un domaine à part, en tout point différent de la réalité connue, celle du boulevard Heurteloup.

« Tu aimeras ton prochain comme toi-même. » Le plus important de tous, paraît-il. Il vaut la peine qu'on s'arrête et médite un instant sur lui. L'enfant (qui, hélas, n'a pas encore lu Freud et ne sait donc pas que ce fameux précepte chrétien énonce une quasi-impossibilité, en tout cas, la chose au monde qui nous est la moins naturelle) s'efforce peut-être, entraîné qu'il est à l'examen de conscience, de le comprendre, et de satisfaire ses parents, ou même Dieu.

« Si j'y pense, pourrait-il se dire, le plus compliqué, le plus impraticable, même, de tous les commandements. Est-ce que j'aime "mon prochain", mon frère, par exemple ? je ne crois pas, pas tout le temps en tout cas, il est trop taquin, vraiment pénible à supporter… et ma nurse ? non, ici la réponse est facile, il me semble au contraire que souvent je la hais. La haine, comme un paquet fermé et lourd, a des contours précis, on peut la sentir, la palper, la reconnaître, sa montée soudaine fait battre le cœur et vous brûle le visage – c'est comme un incendie qui d'un seul coup gagne le corps entier, bourdonne aux oreilles, arrête la parole et vous bloque l'esprit, un jaillissement d'étincelles blanches si violent qu'on en vibre des pieds à la tête, comme avant l'explosion imminente… La haine existe, je le sais, différente de tout ce que l'on nous enseigne, la haine qui n'a pas de nom, mais l'amour ? Pour se le représenter clairement, il faudrait faire entrer en jeu un objet, une poupée par exemple, ou un animal, on les aime tout le temps, ou presque, puisqu'ils ne nous font pas de mal, n'ont aucune exigence ni aucun droit sur nous. Peut-être le commandement signifie-t-il en fait : aimer le prochain un peu, de temps à autre, auquel cas il devient moins absurde ? »

Les Parents de leurs parents

PATRICK POIVRE D'ARVOR

Ils s'étaient donné rendez-vous sur la tombe du grand-père, mort il y a un tiers de siècle. Sa ville s'était décidée à l'honorer et à lui offrir une rue dans un quartier encore en friche. La famille frétillait, elle était heureuse de cette reconnaissance tardive pour un poète qui avait enchanté ses repas dominicaux. Il fallait religieusement l'écouter déclamer sa dernière composition, puis s'enfourner le vol-au-vent de la grand-mère gâteau, sa tourte aux pommes de terre et son île flottante. Au sortir de table, tout le monde dormait.

Trente-trois ans après, chacun s'était réveillé. C'était jour de gloire. Premiers arrivés, bien sûr, le père et la mère, comme au bon vieux temps quand on s'installait au cinéma avant même que le rideau rouge ne s'ouvre sur des publicités délicieusement kitsch qu'on passait vingt minutes à déchiffrer. Vint ensuite le fils aîné, qui n'avait pu s'empêcher de déposer une rose rouge sur le gisant d'un prêtre abattu pendant la Commune, puis son frère cadet, accompagné de deux garnements d'antan qui s'étaient beaucoup assagis et un peu embourgeoisés. Tous trois avaient quand même uriné sur le portail du lycée de leurs tourments d'enfance.

Les deux frères et leur mère firent des photos sur la tombe du grand-père – quelle idée de se photographier dans un cimetière – et parlèrent chacun avec l'insouciance de leurs idées sur leur dernière demeure, et sur la manière dont ils voulaient être ensevelis ou incinérés. Les portables résonnaient, les rires ne se retenaient plus, c'est tout juste si on n'allait pas déboucher une bouteille de champagne sur le marbre. Le petit-fils n'arriverait que plus tard et la petite-fille, sans doute perturbée à l'idée de présenter son soupirant à la famille, s'était trompé d'autoroute.

Il faisait beau dans le cœur de tous. L'inauguration de la rue au nom du grand-père se fit dans l'allégresse. Ce n'était pourtant qu'une bordure de champ à peine labouré. Pas une âme qui vive aux alentours, juste des flashes de photographes. Chacun y alla de son discours.

La journée se termina par un somptueux repas dans un château de rêve. On but enfin la bouteille désirée au cimetière, on honora le grand-père qui venait de ressusciter, on batifola, on parla de grandeurs perdues ou à venir, on s'échauffa. À minuit, comme le carrosse de Cendrillon changé en citrouille, le père s'effondra, frappé de stupeur et de rigidité. Son visage devint cireux, il prit les couleurs de la mort et plus rien de lui ne bougea. Seuls son épouse et le fils aîné qui parlaient avec lui s'en aperçurent. Le reste de la tablée continua à plaisanter. Puis les murmures cessèrent. Les deux fils se levèrent et encadrèrent leur père. En apposant leurs mains sur ses épaules, tous les deux pensèrent très fort : «Vis ! » Il eut un spasme étrange et, au terme de deux longues minutes, se décida à vivre, comme si de rien n'était. Sa femme, qui avait observé intensément la scène, tenta de se lever, violemment choquée. Elle eut à son tour un malaise, puis le même spasme de vie. Les deux frères n'avaient jamais vu leurs parents malades ni même défaillants.

Au soir de cette journée lumineuse, riche de leurs frayeurs et de leurs éclats de rire, ils étaient devenus les parents de leurs parents.

Le Goût du désir

Jacques Salomé

Le bonheur c'est quand le désir
ne s'épuise jamais.

– Mais où étais-tu ?
– Je ne sais pas...
– Comment tu ne sais pas ! Tu étais bien quelque part ?
– C'est où quelque part ?
– Écoute, tu es parti pendant trois jours. Tes parents nous ont dit qu'on ne t'a pas vu, durant trois jours et trois nuits, c'est pas normal ! Un enfant de huit ans ne disparaît pas comme cela dans la nature. Tu es bien allé quelque part...
– ...
– Tu as rencontré quelqu'un ?

Oui j'avais rencontré quelqu'un, mais cela, je ne pouvais pas le dire, jamais. Cela m'appartenait, à moi seul. D'ailleurs ils ne m'auraient pas cru.

– Et la nuit, tu n'es pas resté dehors quand

même, tu n'as pas dormi dans la rue, tu as dû trouver une maison chez les parents d'un copain, chez une dame, un monsieur ? Tu t'es caché où ?

– Je ne sais pas…

– Mais enfin c'est insensé, tu ne peux pas ne pas savoir…

Autour de moi, au-dessus de ma tête, ils étaient plusieurs, des adultes avides ou inquiets. J'entendais leurs commentaires murmurés à mi-voix, sur un ton un peu triste ou soucieux. Peut-être qu'il est devenu amnésique, peut-être qu'il a reçu un coup sur la tête, ou alors c'est quelqu'un qui lui a défendu de parler, il a été enlevé, il faudrait le faire examiner, cet enfant ment comme tous les enfants, il a peur de dire la vérité, il faudrait lui dire qu'il ne sera pas puni s'il nous dit…

– Qui t'a défendu de parler, dis-le moi !

– Personne.

– Comment ça personne, il y a bien quelqu'un qui t'a dit de ne pas parler ! Puisque tu ne veux rien dire, nous, on peut tout imaginer et surtout le pire, dis-nous ce qu'on t'a forcé à faire, il faut parler, tu as confiance en nous quand même, tu nous connais !

Non, je n'avais pas confiance, en personne, je ne pouvais pas dire la moitié, ou le dixième de la moitié de ce qu'ils pouvaient imaginer.

Ils étaient dix au moins à m'entourer, à me presser, à m'oppresser, malgré la protection des bras de ma mère, qui me tenait tout contre elle, en pleurant silencieusement sur la joie de m'avoir retrouvé. Elle savait, elle, qu'il ne fallait pas me poser de questions.

Des voisins et même des inconnus, impatients de me déloger de mon silence et surtout de mon refus de parler, s'interpellaient, posaient des questions qui se bousculaient. Des questions et des affirmations mélangées à de la fausse sollicitude, à de la réprobation, à un soupçon d'accusation (quand même un enfant de huit ans ne disparaît pas durant trois jours sans qu'il y ait eu quelque chose de grave !), des interrogations qui s'adressaient aussi à ma mère : «Vous êtes la mère, vous devez savoir, il faut l'obliger à parler... »

Je la sentais respirer tout contre moi, m'offrant son souffle pour me ramener à la vie. Je voyais ses lèvres bouger doucement, elle se parlait à l'intérieur et devait remercier avec ferveur son saint préféré, saint Antoine de Padoue, qui lui avait ramené son fils adoré. Il n'était pas rancunier ce saint, parce qu'il devait bien savoir que c'était moi qui pillais régulièrement son tronc, tous les jeudis, après le catéchisme !

Comment pouvais-je leur dire qu'au départ j'avais eu besoin de désobéir, que je ne voulais plus être obéissant. Un besoin urgent qui avait surgi en moi exactement au début de la semaine, le lundi après-midi, après l'école, sur le chemin qui me ramenait à la maison. Un besoin brutal, évident, nécessaire. J'en avais assez d'être gentil, obéissant, de laisser croire à mes parents, à ma mère surtout que j'étais d'accord, que j'approuvais tout ce qu'on faisait pour moi et aussi contre moi. Alors ce n'est pas aujourd'hui, juste quatre jours et demi après le début de ma fugue, que j'allais recommencer à leur obéir, à être encore plus gentil en répondant à des questions qui ne voulaient rien dire. Bon d'accord, pour elle, pour ma mère, j'aurais accepté de dire un peu, mais il y avait tous les autres qui voulaient savoir à tout prix et qui avaient mauvaise haleine. J'avais remarqué depuis longtemps que beaucoup d'adultes sentaient mauvais. Elle, je la sentais vibrante et chaude dans mon dos, se réfugiant et en même temps se consolidant dans son silence, tout en m'enveloppant de ses deux bras, des fois qu'il me viendrait à l'idée de repartir. Je sentais dans mon cou l'humidité douce de ses larmes qui descendaient de ses joues et que je voyais, quand je relevais la tête, glisser de son menton, tomber sur mes cheveux ou sur mon front. J'étais fatigué, j'étais redevenu le petit Jacky, le fils de la Marie-Louise. C'est lui, vous savez, celui qu'on recherchait depuis mardi et nous sommes déjà vendredi ! Il est revenu, il est là et il ne veut rien nous dire, c'est pas croyable ! Les enfants d'aujourd'hui on n'en fait plus ce que l'on veut ! Il était pourtant gentil et propre sur lui. Un enfant sans père quand même… Faut quand même ne pas exagérer, il a un père, je le connais son beau-père et je sais qu'il s'occupe bien de lui, il ne manque de rien ! Je crois d'ailleurs que le deuxième enfant est de lui, il est comme dans une vraie famille… Enfin s'il mange tous les jours, c'est grâce à cet homme tout de même ! Le petit Jacky, c'est son premier à Marie-Louise, un amour de jeunesse…

J'étais un amour de jeunesse.

Comment le savaient-ils ? Je me refermais encore plus. Ils n'avaient pas le droit de parler de moi comme ça. Ils ne savaient même pas ce que c'est l'amour à dix-huit ans et à quinze ans. C'était mon histoire à ma mère et à moi, à nous seuls. Oui, elle m'avait dit qu'elle avait dix-huit ans quand elle me portait dans son ventre et que Pierre mon père, lui, il avait quinze ans quand ils avaient fait l'amour pour la première fois. « On était si jeunes… » Et ensuite trois fois, pas plus ! Puis il était parti… Là ma mère pleurait toujours. Pas de tristesse, mais du souvenir de tout le bon partagé, puis elle se reprenait, l'excusait : « Ce n'est pas sa faute, de toute façon sa mère à lui ne voulait pas qu'il s'attache à une fille comme moi, une fille de l'Assistance publique… ».

Plus tard, elle avait rencontré Saturnin, le père de mon frère « pour pouvoir m'élever convenablement et puis essayer d'être heureuse quand même, un peu ! Parce que le bonheur, il est pour tous. »

L'école ne me plaisait pas tous les jours. Pourtant j'aimais aller à l'école, surtout pour les copains. Pour Bébert, mon seul vrai ami. Avec lui, l'école était toujours une aventure. Bébert riait de tout. Enfin presque de tout. Mais je n'aimais pas la classe et surtout les questions du maître qui faisait exprès de m'interroger, alors qu'il savait bien que je ne savais pas. Il aurait pu me laisser tranquille, je ne le gênais pas. Avec lui, je devais toujours savoir ce que je ne savais pas et il insistait. En revanche, jamais il ne me posait de questions sur les choses que je savais, et pourtant j'en savais des trucs ! En plus cette année-là, il y avait Junot. Il venait du Nord, était plus fort que moi et vraiment méchant. Junot aimait faire mal. Pas seulement se bagarrer comme nous tous, se provoquer, s'affronter, se filer des torgnoles, non lui, ce qu'il voulait c'était nous humilier, nous abaisser, nous obliger à lui demander pardon. C'était son truc, ça, lui demander pardon !

– Toi tu vas commencer par t'excuser et dire que tu regrettes, que tu me demandes pardon…

– Que je regrette quoi ?

– De m'avoir regardé, avec ton regard pourri !

– Mais j'ai le droit de regarder tout le monde et d'abord mon regard il est pas pourri !

– Tu as peut-être le droit de regarder tout le monde mais tu n'as pas le droit de me regarder moi. C'est à moi, à moi seul, de te dire quand tu peux me regarder. Quand tu sais que je suis là, que je vais arriver, tu dois commencer par baisser les yeux... Sinon je t'écrase comme une mouche à merde.

Junot était devenu ma hantise, un cauchemar diurne. Je le rencontrais sans arrêt, sur le chemin de l'école, dans la cour de récréation, sous le préau près des W.C., partout. Il était devenu en ce début d'année scolaire la terreur de l'école, même ceux de la classe du certificat d'études le craignaient. Il n'hésitait jamais à se bagarrer, frappait le premier et fort, appliquant là une règle bien connue de notre quartier. Mais lui, en plus, il frappait sans s'arrêter, jusqu'à ce qu'on soit à terre, démoli. Il ne se contentait pas de faire mal, il voulait nous humilier.

– Toi en plus, me disait-il avec l'approbation soumise des autres, t'es un merdeux, tu pues. On doit pas se laver souvent chez toi ?

– Si on se lave tous les samedis en grand et...

– Ah oui ! regardez-le, ce puant, il se lave seulement le samedi, et les autres jours tu fais quoi ?

– Je me lave les mains et je me peigne.

– Les mains, pas la figure et tout le reste alors comment tu le laves, ton zizi doit sentir le moisi ! Tu vois que j'ai raison, tu n'as pas le droit de me regarder. En me regardant tu me salis.

En partant c'est aussi Junot que je fuyais.

Quelqu'un qui sentait l'eau de Cologne s'est penché sur moi.

– Mais tu dormais où?

– Dans un lit…

– Dans un lit, mais comment il était ce lit?

– Avec des draps rouges…

J'en avais trop dit, c'est à cet instant que j'ai décidé de ne plus jamais répondre aux questions qu'on me poserait. Jamais. Ma situation scolaire n'allait pas s'améliorer, car la spécialité des enseignants de l'époque était justement de poser des questions, et en plus d'attendre des réponses!

– Marie-Louise, il faudra aller au commissariat, pour les avertir qu'on a retrouvé votre fils.

– Vous croyez que c'est nécessaire?

– Bien sûr, comme ça, ils vont arrêter les recherches…

– Alors tu ne veux pas nous dire où tu étais? La police va te le demander et avec eux, tu verras, tu seras bien obligé de parler. Ils ont les moyens de faire parler un têtu comme toi!

– …

Nous ne sommes jamais allés à la police, car ma mère avait refusé dès le premier jour de déclarer mon absence. « C'est une fugue », disait-on autour d'elle.

« C'est une fugue, s'obstinait-elle, il a simplement eu besoin de partir. Il va revenir, répétait-elle sans cesse à ceux qui la pressaient, je suis sûre qu'il va revenir, il a seulement eu besoin de s'éloigner de la maison, c'est un besoin normal chez les enfants... »

Quatre jours auparavant, en quittant la maison pour aller à l'école, j'avais laissé mon cartable dans l'appentis du charbonnier, notre voisin immédiat. Je l'avais caché derrière quelques sacs de boulets. Le charbon qu'il vendait était soit en vrac et livré à la pelle, soit en boulets et porté dans des sacs de jute rêche avec lesquels j'avais souvent joué, les deux pieds dedans en tenant les bords à la taille, à sauter le plus loin possible. Le record était détenu par Bébert, bien sûr, lui seul avait l'agilité nécessaire, la volonté de gagner et la ténacité indispensables. Il savait transformer le moindre jeu en épreuve : « Faut pas se laisser faire, faut apprendre à gagner, faut aller jusqu'au bout, sinon t'es cuit ! » Il riait : « Si t'es cuit, tu n'es pas crû ! »

J'avais gardé mon manteau bleu et emporté le sac en toile grise de marin que mon beau-père, un soir qu'il avait bu, m'avait donné. Le lendemain, à jeun, j'avais bien vu, il le regrettait : « Mais quand c'est donné, c'est donné ! »

« C'est à toi », me disait-il en retenant encore le sac par le fond, avant de le lâcher avec un soupir.

Dedans j'avais mis les Pardaillan, un album de Tarzan, un des Pieds Nickelés, une lampe de poche, trois pommes et mon manteau d'hiver.

En sortant de l'appentis, j'avais tourné à droite

et non à gauche comme d'habitude et pour la première fois de ma vie, je me suis engagé sur le pont Saint-Michel. Avec ma mère, les rares fois où nous devions aller en ville, nous prenions le pont Saint-Pierre, jamais le pont Saint-Michel qui était moins fiable car « on le sentait bouger quand on marchait dessus ! » affirmaient tous les habitants du quartier du Fer-à-Cheval.

Le vent d'autan, qui habituellement soufflait fort, semblait calme ce matin-là, mais il pouvait se réveiller quand je serais au milieu du pont et alors… Alors il était capable de m'emporter comme une feuille de papier, de me soulever et de me jeter dans le fleuve noir. Mais j'avais un but, je voulais aller sur l'île du Bazacle. L'été précédent j'avais remarqué, en jouant au bord de la prairie des Filtres qui bordait la rive gauche de la Garonne, la nôtre, qu'un des piliers du pont Saint-Michel reposait sur cette île et j'avais imaginé que peut-être je pourrais descendre le long de ce pilier en métal, pour accéder à l'île et m'y cacher. Il y avait effectivement un petit escalier de fer, derrière un semblant de grillage qui descendait sur la terre sableuse et douce de l'île. Le grillage fut facile à franchir, il manquait quelques barreaux à l'échelle, mais cela ne me gêna pas pour poser mes pieds sur cette terre inconnue. La végétation était très serrée, un sentier très étroit, formant un tunnel recouvert de branches et de lierre, se perdait devant moi. Tout au bout, sur la partie sud de l'île, j'ai découvert une maisonnette sur pilotis. Entourée de grands saules, d'immenses roseaux et de plantes dont je ne connaissais pas le nom, elle était invisible du pont. Le pourtour était dégagé, avec du linge qui séchait sur une corde tendue entre deux troncs.

C'était une vraie maison avec un toit en pente, une seule porte et quatre fenêtres, deux au levant et deux au couchant. Il faisait chaud. Je sentais le vent glisser au-dessus des arbres, faisant chuchoter les feuilles. L'endroit était calme, bon, rassurant, immobile, protégé par l'eau toute proche qui clapotait doucement. J'ai posé mon sac contre la porte, je me suis assis, le dos bien calé et sans le savoir, sans le vouloir, je me suis endormi. Je rêvais que j'étais prisonnier dans une tour. Une tour de château fort et je savais que Pardaillan et son fils allaient venir me délivrer à grands coups d'épée. D'ailleurs je les entendais qui m'appelaient, je voulais me soulever et leur crier que j'étais là. Quand mon corps a basculé d'un seul coup. J'étais toujours dans mon rêve et je criais : « Ce n'est pas moi, ce n'est pas moi ! » Durant toute mon enfance, j'avais été accusé d'une foultitude de choses, aussi j'avais pris l'habitude de toujours me défendre, par anticipation : « Ce n'est pas moi, ce n'est pas moi ! », ce qui souvent déclenchait une accusation supplémentaire, on me traitait de « menteur ! » Ce n'était pas moi, mais il semblait que pour la plupart des adultes qui m'entouraient, ce devait être, par évidence, moi! Pour eux, sans hésitation, c'était moi puisque j'étais là! J'étais là avec une tête, un visage, une expression qui disaient que je n'étais pas tranquille, que je devais cacher quelque chose et donc que c'était bien moi qui…

J'ai entendu une voix claire me dire : « Bien sûr que ce n'est pas toi, puisque c'est moi! » Il y avait au-dessus de moi, les bords d'une jupe avec des bouts de laine qui flottaient et plus loin encore, tout en haut, le visage d'une petite fille blonde. Blonde comme Jeanne d'Arc, ai-je pensé aussitôt. La main posée sur le chambranle de la porte qu'elle tenait ouverte, elle me regardait avec une sorte de ravissement qui m'inquiéta. Elle m'enjamba, j'eus le temps d'apercevoir un éclair blanc entre ses jambes et elle s'assit tout près de moi.

Elle me regarda longuement, avec une gravité douce et bienveillante, jaugeant mes possibles. Je sentais qu'elle savait que je n'avais pas fait de bêtise, donc que ce n'était pas moi, pour une fois, qu'il fallait accuser.

– Tu es venu par le pont?

– Oui.

– En passant sous le grillage?

– Euh…

– T'as bien fait.

Pour une fois dans ma vie, j'avais bien fait!

– Je m'appelle Lisa et toi ?

– Jacques, mais on m'appelle Jacky.

– Je préfère Jacques…

– …

– Mon grand-père est mort, mais il ne faut pas le dire.

– Il ne faut pas le dire à qui ?

– À personne, sinon ils vont venir le prendre.

– …

– Pour l'emmener au cimetière, chez les morts. Et là il sera vraiment mort !

– …

– Tu veux le voir ?

– Oui… un peu.

Je ne savais pas si je voulais vraiment le voir, mais je désirais lui faire plaisir. Je n'avais jamais vu de mort. Jusqu'alors je croyais que lorsqu'on était mort, on disparaissait soudain, on se volatilisait. Pfut… et puis plus rien !

– Viens avec moi, tu ne dois pas avoir peur.

Je n'avais pas peur… Si j'avais peur mais pas du mort. Peur du remue-ménage du côté du cœur, que je sentais en moi.

– Tu sais, je connais bien mon grand-père, il n'a jamais été méchant, même mort il sera gentil parce que tu es avec moi.

Elle me prit la main et c'est comme cela que je suis entré dans la maison de l'île où j'ai vécu trois jours et surtout trois nuits.

Le couloir était sombre mais j'ai bien vu les quatre portes. La chambre du grand-père était au fond à droite. Je me tenais sur le seuil n'osant entrer, un tout petit peu du jour se glissait entre les volets fermés.

– Ici c'est ma chambre, me dit Lisa en me montrant la porte d'en face.

Un très vieux bonhomme était couché sur un lit, un drap jusqu'à la taille. Il avait les yeux grands ouverts, mais son regard était loin, très loin tourné vers le dedans et en même temps j'avais l'impression qu'il regardait au-delà, plus haut que le plafond, derrière les nuages du ciel, qu'il voyait un lieu inaccessible, dépouillé de toute attente et de tout désir, mais aussi de toute souffrance.

Avec ces deux bras le long du corps, il paraissait confiant, serein.

– Il est mort dimanche soir ou peut-être dans la nuit en dormant.

Et nous étions mardi.

– Dimanche soir, il s'est couché tout habillé en me disant : «Je vais me reposer un peu, viens me chercher quand le repas sera prêt, je n'ai pas faim mais je mangerai près de toi.» Il a dit ça : «Je n'ai pas faim mais je mangerai près de toi.» Quand je suis venue l'avertir, j'ai cru qu'il dormait, alors comme il m'avait dit qu'il n'avait pas faim, je l'ai laissé se reposer et j'ai dîné seule. Je suis habituée. Hier matin quand je suis allée le voir, il dormait toujours. Mais quand je me suis penchée pour l'embrasser, pour lui dire : grand-père, il fait jour, j'ai bien vu qu'il était mort parce qu'il était tout froid et qu'il ne m'a pas serrée dans ses bras. Il me serrait toujours dans ses bras quand je le réveillais. C'est moi la première debout dans cette maison ! Ce n'est pas comme quand j'étais petite, là il s'occupait de tout.

Elle parlait avec une évidence calme, mais je sentais sa voix au bord d'un gouffre d'interrogations et d'inquiétudes et déjà j'étais prêt à la protéger, à donner ma vie pour elle.

– C'est toi qui prenais soin de ton grand-père ?

– Oui, il avait besoin de moi, un peu seulement, parce qu'il était très vieux. Depuis que ma mère est partie, il prenait soin de moi et moi de lui.

– Elle est partie où ta mère ?

– Je ne sais pas, loin certainement, car elle n'est plus revenue. Grand-père disait toujours : « Ta mère, il faut la laisser partir parce qu'elle a besoin de se chercher et comme elle n'est pas près de se trouver, ça peut durer longtemps... »

– Durer longtemps, des fois c'est pour toujours, hasardais-je, comme si j'avais une grande expérience des longtemps et des toujours.

– Maintenant que tu es là, je ne serais plus seule. Enfin, je ne serais plus seule si tu restes avec moi.

– Je veux bien rester avec toi.

– Pour toujours ?

Comme j'avais fait semblant de savoir ce que c'était toujours, j'ai répondu :

– Oui, toujours.

– Pour moi, précisa-t-elle, toujours c'est maintenant, demain et plein, plein de demains jusqu'à ce qu'on n'existe plus !

Je ne savais pas si je voulais entrer dans ce toujours-là jusqu'à ne plus exister, mais j'ai répété, très sérieusement, courageusement même :

– Oui, pour toujours.

– D'accord, alors toi et moi c'est pour toujours !

– Oui pour toujours.

Dans mon esprit, pour toujours, cela voulait dire tant que je serais bien, tant que je pourrais me sentir libre, de dire, de ne pas dire, de faire, de ne pas faire. Je sentais que c'était quand même un engagement qui risquait de me peser ou de me mettre en conflit. Comment s'engager et rester libre ?

– Viens, on va le laisser. Il faut fermer la porte, il n'a besoin de personne. Tu veux du café ?

– Non de l'eau.

Le café, chez nous, c'était pour les adultes, les enfants, mon frère et moi, nous avions droit à une sorte d'ersatz de cacao ou de chicorée.

– Que de l'eau alors, fit elle en faisant un geste vague en direction du couloir, j'en ai encore pour trois jours, ça ira.

Elle me tira par la main et me montra la troisième porte :

– C'est une chambre vide. Tu pourras dormir là. En face c'est la cuisine. Il reste encore du gaz dans la bonbonne, mais quand elle sera vide il faudra partir…

– Et ton grand père ?

– Je le laisserais seul, il s'est toujours débrouillé tout seul. Il ne voulait jamais être dérangé.

– Et nous ?

– On partira aussi.

Je n'osais pas demander où. Tout allait trop vite, sans aucune résistance, sur une pente, dans une direction que seule Lisa semblait connaître.

Mais durant mon séjour sur l'île, elle me parla de son grand-père comme s'il était toujours vivant. Comme s'il était capable d'aller et de venir, de partir dans sa barque, de pêcher, de revenir, de vider le poisson, de le cuire et d'enlever les arêtes : « pour que je mange tout ce qu'il mettait dans mon assiette ». Elle ne niait pas sa mort. Il était mort chaque fois que nous allions le voir dans la chambre. Dans ces moments-là, elle me tenait la main et je la sentais toute petite. Dans la pénombre des volets fermés rien n'avait changé, sur le lit le grand-père paraissait dormir et son immobilité me rassurait. Il redevenait vivant seulement quand nous étions hors de la chambre.

Elle me raconta aussi qu'un été son grand-père l'avait emmenée en vacances au bord de la mer.

– On était à l'hôtel, à cette époque, il avait de l'argent. Chaque matin grand-père s'installait sur la plage avec son fauteuil de toile. Il voulait regarder les jolies femmes en maillot de bain et surtout leur poitrine. Moi je le laissais faire, je jouais avec des coquillages. Un matin, j'ai vu que le fauteuil s'était renversé avec grand-père dessous, le visage dans le sable. Il ne bougeait pas. Avec des grandes personnes on l'a relevé, il riait. Il avait du sable plein les yeux et dans sa bouche aussi, mais il riait. Plus tard il m'a dit : «Tu comprends chaque fois qu'une femme passait je me penchais pour regarder le plus longtemps possible sa poitrine... je me suis trop penché sur la dernière, elle était superbe. C'est pas juste d'être vieux!» Il aimait pas être trop vieux...

Le premier jour, au repas de midi qu'elle a confectionné, en jetant des pâtes et des olives dans une casserole d'eau chaude, elle installa trois assiettes et fit trois parts.

– Grand-père s'assoit ici, personne ne peut prendre sa place. La tienne est là, à côté de moi.

Elle mangea une de mes pommes, en plaça une près de l'assiette du grand-père et me laissa dévorer la dernière.

Dans l'après-midi, je lui offris de feuilleter mon album de Tarzan.

– Non, je préfère te regarder.

– Tu veux lire Pardaillan ?

– Non je préfère que tu me parles.

Parler je savais, c'était me dire que je ne savais pas. Depuis que je savais parler, les rares tentatives que j'avais faites pour me dire s'étaient révélées catastrophiques. Chaque fois que je voulais dire quelque chose d'important, je ne me sentais pas entendu.

Ainsi quand j'avais tenté de m'exprimer, de parler de mon premier chagrin d'amour : « Maman je suis triste, parce que Marion ne veut plus me parler, elle m'a dit qu'elle ne m'aimait plus… »

– Ce n'est pas grave, une de perdue dix de retrouvées.

– Maman je n'aime pas Mme Boubila (la voisine du premier) elle sent le pipi de chat et…

– Elle est gentille Mme Boubila, il faut l'aimer parce qu'elle est seule depuis qu'elle a perdu son mari…

Le plus difficile fut quand j'ai voulu parler de mon frère, que je n'aimais pas puisqu'il avait pris ma place auprès de ma maman.

– Maman, je voudrais que Loulou ne soit plus avec nous, qu'il soit ailleurs dans une autre famille…

– Mais c'est ton frère, tu dois l'aimer, d'ailleurs lui, il t'adore.

– Moi je ne l'aime pas, il prend trop de place depuis qu'il est là. Il pleure pour un rien et puis tu t'occupes trop souvent de lui...

– C'est ton frère, tu dois l'aimer que tu le veuilles ou non !

– Maman, pourquoi on ne part pas tous les deux, rien que nous deux ?

– Partir, mais où mon chéri ? Pour partir il faut de l'argent !

Il faut de l'argent.

Et c'est vrai que l'argent manquait chez nous. Sitôt que la paie de mon beau-père arrivait, le samedi soir, elle était dépensée. Maman mettait des petites sommes dans des enveloppes et partait aussitôt payer nos dettes.

Le dimanche matin, il ne restait rien, en dehors de l'enveloppe du loyer et de l'électricité. On achetait tout à crédit.

Après notre premier repas, le soleil brillait au dehors, Lisa me prit la main et m'entraîna sous le pont.

– Je vais te montrer la cabane de l'Italien, tu verras on sera bien.

» Quand grand-père est arrivé sur l'île, il y avait déjà un homme qui y vivait, un Italien qui occupait la cabane, il faisait des trucs en cuir. Il ne voulait pas dormir dans une maison. Ce jour-là, il a prononcé la seule phrase qui est jamais sortie de sa bouche, m'a raconté grand-père : "J'ai jamais reçu une goutte d'eau depuis que je vis ici." Grand-père m'a souvent dit que, pendant des années, l'Italien ne lui a jamais rien dit d'autre. Ils se partageaient une cigarette, ils se souriaient, c'est tout. Ce devait être un homme qui n'aimait pas parler. Il est parti à la déclaration de la guerre, il ne devait pas aimer non plus les Allemands. Quand grand-père m'a prise avec lui, c'est devenu ma cabane. C'est vrai, que c'est bien abrité.»

La cabane de l'Italien était en fait un abri de planches, dans un creux de sable sec, un grand drap en tapissait le fond. Lisa me proposa de m'allonger, la tête contre un morceau de tronc, puis sans façon se coucha près de moi et posa sa tête contre ma poitrine, ferma les yeux, les ouvrit, me sourit, les referma et s'endormit.

Cela devint notre rituel. Le soir même, après un repas encore plus simplifié que celui de midi, elle vint dans ma chambre, se coucha près de moi, posa sa tête sur ma poitrine, remua un peu, comme si elle cherchait sa place. Se leva soudain, s'éclipsa, revint dans une chemise de nuit qui descendait jusqu'aux chevilles puis s'étendit tout contre moi. Je n'osais bouger, j'avais refermé mes bras sur elle, mais je sentais bien que c'était elle qui me protégeait. J'ai eu le sentiment de dormir éveillé, n'entendant rien d'autre que le souffle doux de sa présence. Au matin, j'ai senti mon sexe palpiter contre son corps tout chaud, abandonné, qui au moindre de mes mouvements se blottissait encore plus contre le mien. C'était à la fois tendre et inquiétant. J'ai réussi, avec mille contorsions, à me tourner complètement, à lui tourner le dos, avant qu'elle ne s'éveille. Ce n'était pas la première fois que cela m'arrivait avec mon sexe, mais les autres fois j'étais tout seul dans mon lit.

Plus tard dans la matinée, elle m'envoya chercher du pain, des pâtes et des olives.

– C'est sur la rive droite, tu tourneras à droite après le grillage. Tu diras à la boulangère et à l'épicière que c'est pour le grand-père de Lisa, c'est tout.

Je savais bien que son grand père était mort, mais je n'avais pas pour autant l'impression que j'allais mentir. Nous étions les seuls à garder son corps, dans le silence de la maison et cela me paraissait normal, en échange, d'être nourri par lui. Quand je revins, elle lavait du linge dans une petite bassine bleue, puis l'étendit sur le fil qui courait le long de la maison, en plein soleil.

L'après-midi nous sommes revenus à la cabane de l'Italien. Aussitôt Lisa s'installa dans le creux, m'appela, se blottit contre moi, me sourit et ferma les yeux. De temps en temps, elle demandait, la bouche collée contre mon cou :

– Je suis bien avec toi, et toi ?

– Moi aussi je suis bien.

Nous passâmes tout l'après-midi, jusqu'au coucher du soleil, à être bien, seulement à être bien.

C'était vrai que j'étais bien, mais je ne souriais pas, j'avais envie de pleurer. Je sentais que sur l'île, pour des raisons inexplicables, le temps se ralentissait, se donnait à nous sans nous bousculer, qu'il créait un espace particulier, unique et j'avais peur qu'il ne s'accélère de nouveau et qu'il m'emporte loin d'elle.

J'étais bien, j'étais confiant et c'est peut-être cela qui m'a donné le courage de lui demander, vers la fin de ce deuxième après-midi :

– Tu peux me montrer ce qu'il y a sous ta jupe ?

Je n'avais pas eu de sœur, de cousine ou de voisine proche, ce mystère me tenaillait depuis l'école maternelle. Il s'était réveillé quand j'avais vu ses yeux, loin au-dessus des bords frangés de sa jupe et surtout l'éclair blanc quand elle m'avait enjambé. Ma question la fit rire. «Tu veux voir comment je suis une fille ?» Et sans attendre ma réponse, elle souleva à deux mains, avec un geste vif, sa jupe, la leva jusqu'à son menton et j'ai vu le blanc de sa culotte, le rond de son ventre, le fuselé soyeux de ses cuisses. Elle resta silencieuse, attendant peut-être que je lui dise ce que je voyais. Son aisance me donna le courage d'oser exprimer ma vraie demande.

– Tu peux me montrer… sans ta culotte ?

Elle éclata de rire de nouveau, soudain plus joyeuse que je ne l'avais jamais vue jusqu'alors.

– Tu veux voir ma zizette alors !

Je ne savais pas qu'elle avait une zizette, j'ai écarquillé les yeux…

– Tu n'as jamais vu de zizette ?

J'étais paralysé, je devais être tout pâle, je ne savais pas ce qui pouvait arriver. Elle baissa sa culotte, la laissa tomber sur ses chevilles, se tint debout, un genou légèrement plié, un œil qui riait, l'autre légèrement fermé et la bouche arrondie d'un *o* parfait, attendit que je lui dise ce que je voyais. Je me suis forcé à baisser les yeux, vers elle. J'ai vu un petit renflement qui paraissait doux, satiné, une amorce de fente, comme un petit vallon. Alors j'ai fermé les yeux, penché la tête, soudain honteux de ma demande, ému par sa confiance, étonné de la simplicité de cette situation. En remontant sa culotte, elle a dit seulement :

– Tu vois, je suis une fille. Moi je n'ai pas besoin de te voir, je sais que tu es un garçon.

J'en fus tout soulagé et reconnaissant.

Soudain, elle se déplaça, alla vers le fond de la cabane.

– Attends, tu vas voir, je vais te montrer le plus gros diamant du monde.

Elle déplaça quelques planches, fouilla le sol, creusa le sable avec sa main, sorti une boîte à chaussures enveloppée d'un foulard et me montra un morceau de cristal, taillé comme un polyèdre (j'ai su le nom plus tard). Des reflets irisés scintillèrent et des éclats de lumière se déposèrent sur son visage quand elle en présenta les différentes facettes au soleil.

C'est ce soir-là, que Lisa et moi nous construisîmes le début d'un rêve qui devait me porter, me dynamiser sans que je le sache pendant tout le reste de ma vie.

– Un jour, me chuchota-t-elle, blottie contre moi, on achètera une île rien que pour nous deux.

– Tu crois que ceux qui ont une île voudront la vendre ? Moi je crois que quand on a la chance d'habiter une île, on n'a pas envie de la vendre !

– Mais à nous, ils la vendront, j'en suis sûre. On achètera une île sur la mer. On plantera des séquoias et deux palmiers, un pour chacun. On aura une chèvre. Avec une chèvre m'a dit mon grand-père, on peut se nourrir tous les jours. On aura des poules et un coq, on fera des omelettes aux champignons et des œufs à la coque.

Lisa organisa ainsi toute notre vie. Je découvrais qu'il existait une autre façon de vivre dont je n'avais eu jusqu'à ce jour aucune idée. Qu'il y avait de par le monde des lieux magiques protégés des adultes.

– Dans notre île, tu verras, on pourra pêcher, se baigner tout nus et surtout on pourra apprendre tout ce qu'on veut rien qu'en rêvant. Tu as remarqué que, dans les rêves, il y a plein de choses qu'on ne connaît pas et pourtant elles sont là dans nos rêves !

– Oui mais au matin on a tout oublié…

– Nous on n'oubliera pas, me dit Lisa en me regardant avec une infinie tendresse, nous on n'oubliera pas.

Je ne sais à quel moment je me suis endormi, ce fut sa voix qui m'éveilla.

– Dans notre île il n'y aura pas de punitions et pas de grandes personnes qui peuvent couper les cheveux d'une petite fille même quand elle ne veut pas…

Elle se serra encore un peu, devint plus lourde.

– Tu sais, une île c'est comme un morceau du paradis qui s'est détaché du ciel.

– Dans notre île, il y aura des livres, si tu le veux, il y aura beaucoup de livres. Moi j'ai besoin de lire avant de m'endormir.

Lisa remonta le long de mon corps, approcha son visage du mien, colla sa bouche tout contre mon oreille.

– Les livres c'est peut-être toi qui les écriras, comme ça on en aura autant qu'on voudra.

C'est peut-être toi qui les écriras…

Elle s'endormit, encore plus proche, encore plus abandonnée. C'est elle qui me prit contre elle, en tenant ma tête contre sa poitrine, disant seulement : «Tu es bien? Ne bouge pas, je dors déjà.» Elle répéta cela plusieurs fois : «je dors déjà», avant de s'endormir tout à fait. Au cours de la nuit, sa chemise, remonta, s'entortilla autour de ma taille et j'ai senti son ventre et ses cuisses tout contre moi. Mon sexe, tout raide, me jouait encore des tours, il vibrait sans arrêt et ne voulait pas se calmer. Je n'arrivais pas à l'apaiser, je ne cessais de lui dire de se tenir tranquille. Doucement, tout doucement, je me suis retourné, tout en maintenant son corps contre moi, veillant à ne pas la réveiller, épouvanté à l'idée d'être rejeté, de la perdre.

J'aurais dû être alerté quand au matin du troisième jour, c'était le jeudi, elle me demanda d'aller chez le droguiste, chercher du pétrole pour la lampe.

– Là il faudra payer, tu lui donneras trois francs, pas plus. Le droguiste est assez loin, il faut dépasser la prison, puis tourner à droite, juste après la fleuriste. Fais attention, c'est un drôle de type, mais avec toi il n'osera pas.

Elle me donna l'argent, m'accompagna jusqu'au grillage.

J'aurais dû la regarder plus longtemps. J'aurais dû ne pas la quitter. J'aurais dû l'emmener, l'emporter. J'aurais dû la ramener chez nous, à la maison, je suis sûr que ma mère l'aurait adoptée. J'aurais dû oser plus. Lui dire qu'elle était importante pour moi.

Plus qu'importante, que je pouvais l'aimer, même si je ne savais pas encore combien je l'aimais.

C'est en revenant vers l'île, plus de deux heures après, que j'ai commencé à avoir peur. Le bidon de pétrole pesait lourd, je le tenais à deux bras et il m'empêchait d'avancer vite. Le grillage était ouvert, comme déchiré. La maison vide. Le corps du grand-père n'était plus dans son lit, la chambre de Lisa aussi était vide, comme dépouillée de toute vie. Toutes ses affaires étaient là, le lit refait, la cuisine propre. J'ai couru à la cabane de l'Italien. Rien. Si, dans la boîte à chaussures ouverte, le plus gros diamant du monde scintillait. Je me sentais perdu, abandonné comme jamais je n'avais pu l'être.

J'ai fait le tour de l'île, la petite barque du grand-père n'était plus là. J'ai attendu un long moment au pied du grillage. Lisa allait revenir, m'expliquer simplement, me dire ce qui s'était passé, nous allions dormir ensemble, encore et encore. J'ai refait le tour de l'île, dans un sens, puis dans l'autre. Peut-être avait-elle pris la barque pour emmener le corps de son grand-père. Mais non, elle n'aurait pas pu le soulever, le porter, le placer dans la barque.

Je suis resté. Toute la nuit, ma dernière nuit sur l'île, je l'ai attendue et pourtant je savais que c'était fini. Je savais que la vie, les autres, l'injustice du monde m'avaient enlevé Lisa à jamais. Cette nuit-là, un message terrible martelait ma tête : «Tu n'es pas capable de garder quelqu'un qui t'aime, tu es incapable de retenir quelqu'un qui t'aime.» Car j'étais sûr que Lisa m'aimait.

Je suis rentré à la maison, en revenant par le pont Neuf. Un long détour pour traverser le fleuve, retrouver ma rue, toutes les apparences d'un monde que je ne reconnaissais plus. Revoir ma mère, mon frère, mon beau-père et surtout continuer à essayer de recréer Lisa sous mes paupières fermées. J'avais emporté son diamant, persuadé qu'elle l'avait laissé pour moi. Je l'ai caché dans l'appentis du charbonnier, j'ai repris mon cartable. Une voisine m'aperçut et cria : «Marie-Louise, Marie-Louise, venez vite, votre fils est revenu ! Mais où étais-tu passé ?»

Tous les jeudis de cette année-là, j'ai traversé le pont Saint-Michel, jusqu'à l'île. Le vent d'autan ne m'effrayait plus, Junot non plus. Je n'avais plus peur de lui, peut-être l'a-t-il senti, car je ne fus plus humilié par ses demandes folles. Le grillage avait disparu, une porte de métal hérissée de fil de fer barbelé en interdisait l'accès et le petit escalier de métal avait disparu. Je cherchais à distinguer si la maison était de nouveau habitée, tentais de repérer un signe, guettais une présence. Au printemps, je suis même allé chez le droguiste, je lui ai demandé si le grand père de Lisa achetait toujours son pétrole chez lui. «Tout ça c'est fini, ça fait longtemps que je n'ai plus vu la petite Lisa ou son grand père...»

Tu n'es pas capable de garder quelqu'un qui t'aime.

Ce message m'a accompagné longtemps. Je comprends mieux aujourd'hui pourquoi j'ai mis si longtemps à accepter d'être aimé, de simplement me laisser aimer...

Ainsi cette année-là s'est inscrit en moi le goût du désir. Une aspiration qui ne devait plus me quitter. Une aspiration toujours associée à une vague de tristesse, pressentant que le désir est souvent imparfait. Car le goût du désir ne rencontre pas toujours celui du plaisir. J'ai appris à me méfier de la lucidité qui conduit à une exigence de soi qui peut désespérer celui qui la porte. Le goût du désir m'habite toujours. C'est quelque chose qui me transporte et me permet, de temps en temps, d'aller vers l'inouï, vers le miracle ou l'embrasement d'une rencontre, vers des échanges en réciprocité, vers plus d'émerveillance. Mais je n'ai garde d'oublier la fragilité des heures et des jours surtout quand le temps semble s'arrêter.

J'ai appris aussi qu'une perte n'épuise pas l'espoir, que c'est la disparition du souvenir qui tue l'espérance.

J'ai oublié Lisa durant près de cinquante ans. J'ai retrouvé son visage sous mes paupières un matin d'automne, en voyant une petite fille jouer avec les reflets du soleil sur un morceau de cristal, le plus gros diamant du monde.

Presque le printemps 2008.

Les Deux *Paris-Match*

Frédéric Vitoux
de l'Académie française

Qu'est-ce que la richesse ? Quelle frontière dessine-t-elle entre ceux qui la détiennent – ou leurs enfants – et les autres ? Ces questions, je me les suis posées confusément, le temps de mon enfance ou du moins de mes vacances dans le midi de la France, à La Nartelle, non loin de Sainte-Maxime, où mes parents qui, depuis la fin de la guerre, tiraient le diable par la queue, avaient conservé une villa qu'ils avaient fait construire en des périodes plus fastes.

Dans une comédie américaine tournée en 1939 par un réalisateur trop oublié, Gregory La Cava, et qui s'appelait *Fifth Avenue Girl*, Ginger Rogers, jeune fille désargentée, confie à un riche industriel qui l'a prise en affection les propos suivants : « Au fond les gens riches, ce sont juste des gens pauvres… avec de l'argent !» Non, vraiment, je ne le crois pas. Francis Scott Fitzgerald a toujours compris, pour sa part, qu'une ligne de démarcation quasi infranchissable séparait le monde des riches qui ont pour eux la grâce, l'aisance, la désinvolture, la beauté et la séduction, de celui des pauvres, des besogneux, des timides, des complexés, des maladroits, des ambitieux, des ratés, des invisibles. Et je repense à l'une de ces *bornes frontière* entre riches et pauvres. J'avais à peine seize ans. Devant elle, je compris que je n'aurais jamais le passeport ou le visa suffisant pour passer impunément de l'autre côté…

La plage de La Nartelle était comme d'habitude immobile. La chaleur verticale du mois d'août clouait les adultes sous leurs parasols, les adolescents à l'ombre du talus couvert de griffes de sorcière, en contrebas de la route nationale. Se baigner dans une eau à vingt-six degrés, faire quelques brasses, entamer un crawl brouillon et vite essoufflé, tourner autour du radeau, revenir, ce n'était jamais que souligner notre sédentarité face au grand large, aux yachts qui se détachaient derrière la balise des Sardinaux et qui ralliaient Cannes puis Saint-Tropez, ou le contraire.

Les vacances n'en finissaient pas. Comme l'enfance. Les flirts, les rires, les amitiés, les amours pour la vie, pour l'été, tout était estompé, enveloppé dans la répétition des jours, le soleil obligatoire, la plage, les espoirs déçus, les murmures de la sensualité. On ne grandissait pas. On ne se voyait pas grandir. On attendait. D'où le prestige de certains mots insaisissables, semblables à des mirages ou des éclats de diamant qui, d'un seul coup, venaient rayer cette vitre derrière laquelle on regardait le monde mouvementé des adultes. Le mot *Chris-Craft* par exemple, doublement divin avec son allitération difficile à prononcer comme un luxe qui se dérobe, et qui évoquait une flèche de lumière, du bois d'acajou ou un sillage blanc incisé si rapidement sur la mer qu'il y avait le sillage en effet, cette fine cicatrice d'écume, alors que le Chris-Craft, lui, avait déjà disparu au-delà du cap Saint-Pierre ou de la plage des Éléphants. Le Chris-Craft, en somme, c'était le bateau qu'on ne voyait pas, avec sa richesse imaginaire. Par ailleurs, il n'était pas un navire de haute mer, avec cabines, radar, poste de pilotage, ponts et coursives. Il ne servait pas à la croisière. Il ne servait à rien. Les moteurs Rolls-Royce de trois cents chevaux qu'il abritait lui permettaient seulement d'aller vite, très vite, d'entraîner ses passagers dans la vitesse, de les installer dans la vitesse, dans cet univers parallèle réservé aux riches, et c'est tout.

Le père de Chantal Garnier possédait un Chris-Craft. Il entraînait donc sa fille avec lui dans la Vitesse, cette pure abstraction, ce luxe gratuit, cette prodigieuse inutilité. Parfois, pour les amis de Chantal, la vitre s'entrebâillait. Le temps d'une promenade. D'un vertige loin de la plage immobile.

Ce jour-là…

Le Chris-Craft s'éloigna d'abord du rivage à petite vitesse, sinuant entre les flâneurs allongés sur leurs matelas pneumatiques et les nageurs sous-marins avec leurs casques et leurs embouts de plastique qui rasaient parfois le dessus des vagues. Près du tuyau d'échappement, l'essence irisait l'eau opale et son odeur montait à la tête. Une fois dépassées les bouées blanches, à cent mètres du rivage, Robert Garnier abaissa une manette à boule blanche et, par ce simple geste aux conséquences décisives, le canot automobile un peu dodu, un peu pataud jusque-là, se redressa pour la course avec sa moustache d'écume, ouvrant derrière lui un sillage large et creux comme une vallée…

Je m'étais allongé avec Chantal sur les coussins verts, au-dessus des moteurs, derrière les deux banquettes de cuir. Oui, je passais alors dans le monde de la vitesse. Vitesse et richesse rimaient si bien ensemble ! Ce qui me permettait d'effacer la vie qui avait précédé. À peine le temps de respirer et déjà je me retrouvais à la hauteur de la balise et de la pointe des Sardinaux. Le Chris-Craft pouvait tourner, serpenter, pénétrer un instant, sous les ordres de Robert Garnier, dans le golfe de Saint-Tropez puis faire demi-tour, piquer vers le cap Saint-Pierre. Mes échelles habituelles, l'ordre de la logique, des habitudes, des points de vue, tout me semblait d'un seul coup bouleversé. Tout devenait facile. Le phare lointain de la pointe des Sardinaux, la mer, les caprices de la géographie n'offraient plus de résistance. Une simple manette à boule blanche triomphait de tous les désirs ou, si l'on préfère, en réduisait vertigineusement l'éloignement.

C'était en 1959.

Robert Garnier portait une casquette de marin, blanche, galonnée d'or. Cette tenue me semblait un peu ridicule mais cela n'avait pas d'importance. Ou plutôt cela m'intimidait car je me rendais compte que Robert Garnier pouvait braver le ridicule. Était-ce son argent qui lui donnait cette assurance ? À moins que ce ne fût son assurance qui lui avait permis de pénétrer dans ce monde où l'on pilotait des Chris-Craft et où l'on dirigeait avec la même désinvolture des banques ou des usines de produits chimiques.

Chantal ne faisait jamais allusion au métier de son père. Et, ce qui est plus fort, elle se permettait, en sa présence, de se moquer de ses tenues, de sa casquette, de son ventre bedonnant ou de ses cheveux gris. Chantal, du coup, me paraissait encore plus prestigieuse, puisqu'elle se permettait d'être critique à son égard, à l'égard de l'homme qui pouvait en quelques secondes, avec son

Chris-Craft, nous transporter à la hauteur du bel hôtel Art déco du val d'Esquières ou croiser au large de la plage de Pampelonne.

Robert Garnier avait de la sympathie pour moi. Il me présentait parfois à ses amis, sur la plage, comme le «petit copain» de sa fille. Cela ne tirait pas à conséquence. On n'est pas jaloux du «petit copain» de sa fille à l'âge que nous avions. Au contraire on peut s'en faire un complice, un allié pour se rapprocher d'elle. Car Robert Garnier et sa fille n'arrêtaient pas de se chamailler, pour un oui, un non, un caprice, l'inclinaison de leur parasol sur la plage de la Reine-Jeanne, que sais-je?

Pourquoi Robert Garnier parla-t-il soudain du 6 juin 1944? Par association d'idées? Parce qu'on était un 15 août, date anniversaire du débarquement allié en Provence? Le 6 juin, cela rappelait-il quelque chose à sa fille?

– Mais je m'en fiche de ce qui s'est passé ton 6 juin! lui répondit-elle.

Elle aurait préféré que son père se taise, lui tourne le dos, reste aux commandes, docile, la casquette vissée sur la tête, et la laisse en paix avec moi, allongée sur la plage arrière.

Accoudé au flanc du bateau, tenant d'une main le volant et à demi retourné vers sa fille, il la dévisageait maintenant, avec un demi-sourire, comme si elle était une sauvageonne, une martienne, un être bizarre, inculte, attendrissant, un phénomène de foire, quelqu'un qui ne savait manifestement pas ce qui s'était passé le 6 juin 1944. Alors il s'adressa au «petit copain» de sa fille :

– Et toi, Frédéric, tu le sais au moins ?

Et sans même me laisser le temps de répondre, il ajouta pour Chantal :

– Je suis persuadé qu'il le sait.

– Mais non, il ne le sait pas. Il ne s'est rien passé, ton 6 juin, laisse-nous tranquilles !

J'étais embêté, coincé entre le père et la fille et tout de même flatté d'être l'enjeu de leur dispute. Alors, un peu au hasard, par forfanterie, par maladresse, parce que cette date me disait quelque chose, je répondis :

– Ce n'est pas le débarquement en Normandie ?

– Ah, tu vois bien ! lança, triomphant, Robert Garnier à sa fille.

– Non, je ne vois rien du tout.

Et puis elle se tut. Je sentis son hostilité, le raidissement de son corps, elle s'écarta de moi, à peine quelques centimètres sur les coussins verts, mais cela me suffit. Je compris. J'étais l'otage de leur dispute. Leur prétexte. Je ne comptais pas.

La Nartelle se rapprochait déjà. J'aperçus la ligne des bouées blanches devant le pare-brise du Chris-Craft. Sur le radeau, un peu plus loin, je reconnus Jean-Pierre Naquet qui nous adressait des grands signes de la main. Les parasols bleus de la Reine-Jeanne se détachaient désormais les uns des autres comme des fleurs que l'on peut isoler d'un bouquet. Les collines de La Nartelle remontaient sur l'horizon. Robert Garnier baissa les gaz et le canot s'appuya sur l'eau, lourd, épuisé de l'effort qu'il venait de fournir. Le monde de tous les jours, le monde sans éclat venait à notre rencontre avec le sable de la plage.

Chantal avait déjà oublié la discussion à propos du 6 juin. Robert Garnier aussi qui, après avoir soupiré un instant, reprit son pilotage et ses manœuvres entre les matelas pneumatiques et les nageurs sous-marins. Elle passa son bras autour de mon cou, me serra contre elle, elle avait la chair de poule et un duvet blond frissonnait sur sa peau.

Elle avait un visage asiatique, des pommettes très hautes qui fermaient ses yeux, les effilaient, ne laissaient filtrer sous ses paupières que l'éclat d'un regard qui pouvait être impertinent, malicieux ou d'une tendresse irraisonnée. C'est peut-être la raison pour laquelle elle faisait un peu peur aux garçons de notre bande de La Nartelle. Elle était intelligente, curieuse et sûrement mille fois plus dégourdie que ses copains ou ses cavaliers d'une soirée dansante. Telle était sa première maladresse. Et quand ceux-ci l'invitaient pour un slow (Tab Hunter chantait cette année-là sur tous les pick-up *Red Sails in the Sunset*), la prenaient dans leurs bras, elle s'abandonnait un instant, langoureuse, elle nouait ses bras autour de leur cou et son corps se faisait lourd et docile. Mais le slow n'était pas encore achevé *(«oh, carry my loved one home safely to me...»)* qu'elle s'échappait sans raison de leur étreinte, se moquait de la couleur de leurs chemises, hurlait parce qu'ils lui avaient marché sur les pieds, n'importe quel prétexte, elle se fichait d'eux, leur riait au nez, et par la suite, elle avait beau redevenir docile, provocante même, un peu chatte, trop tard, ils avaient eu l'air d'andouilles, ils s'étaient laissés prendre, ils n'oublieraient pas la leçon, ils pouvaient tout pardonner sauf le ridicule qu'elle leur avait infligé.

Pourquoi agissait-elle de la sorte? Peut-être parce qu'elle avait peur de sa propre sensualité et qu'elle choisissait le persiflage comme un garde-fou face à ses propres vertiges de jeune fille trop rieuse et gâtée.

Avec moi, c'était un peu différent. Ma timidité m'avait protégé jusque-là. Je n'avais pas succombé sous ses coups, ses moqueries, car je n'avais pas tout d'abord bravé les épreuves qu'elle infligeait à nos amis trop entreprenants. Dans nos rencontres de fin d'après-midi, je restais à part, je choisissais les 45 tours, veillais sur la marche du Teppaz et n'invitais pratiquement jamais aucune fille à danser. Et cette réserve avait brillé, aux yeux de Chantal, comme l'éclat d'une armure. Elle avait vite éprouvé pour moi une forme de tendresse amoureuse, de complicité ou de connivence (comment déterminer les sentiments brouillons, évasifs et fragiles de l'adolescence ?) et moi, tout ému, incrédule, je m'étais laissé entraîner par elle dans un flirt qui n'en était pas un, dans une vague complicité amoureuse, tout au bord de ces gestes qui auraient pu faire dire à chacun : ça y est, Chantal et Frédéric « sortent » ensemble, en ces années sans pilule, sans permissivité sexuelle, sans invention, sans transgression, sans rien, ces années conformistes et malheureuses par-dessus le marché.

Le Chris-Craft s'immobilisa enfin devant la vieille jetée. Le marin était là, en faction, il attrapa au vol un cordage. Chantal se ramassa sur elle-même, se déplia, bondit vers l'avant, embrassa son père, lui enfonça sa casquette sur la tête :

– Merci ! lui lança-t-elle, et elle sauta sur la jetée.

Je tardai à la suivre.

– Quand je pense, eut le temps de me redire Robert Garnier, que Chantal ne savait pas ce qui s'est passé le 6 juin !

Je souris et le remerciai de la promenade.

– Ne l'écoute pas, viens ! me cria Chantal.

Je retrouvai le sable, les rangées de parasols et le volley-ball un peu plus loin. Encore étourdi, comme revenu d'un pays lointain, il me fallait reprendre mon souffle, me réhabituer à la banalité.

– Viens ! répéta-t-elle.

Je courus jusqu'à sa hauteur. Nous nous dirigeâmes vers le bar de la Reine-Jeanne. Le sable nous brûlait la plante des pieds. Qu'importe ! La plage restait hospitalière, rassurante. Sur ce territoire, Chantal échappait au monde de la richesse, elle aussi devenait plus accessible, et je songeai de nouveau au grain de sa peau.

– Tu n'as plus la chair de poule ?

Elle me regarda sans comprendre. Elle n'avait jamais eu la chair de poule.

Jean-Pierre Naquet nous retrouva au bar. C'était un nouveau de la bande. Sa famille était de Tarare et avait loué, pour le mois d'août, une villa tout en haut du domaine, près du mas de l'Ermitage. Il avait dix-sept ans, brun, près d'un mètre quatre-vingts, et il n'avait pas encore affronté les épreuves qu'infligeait Chantal Garnier à ses prétendants. Nous grimpâmes sur des tabourets et Jean-Pierre Naquet commanda trois Coca.

Il possédait tout ce qui me manquait : la désinvolture, l'aisance à se mouvoir dans l'espace, à danser, l'agilité pour sauter sur un tabouret, l'esprit de décision, l'autorité pour commander trois Coca et probablement une expérience des femmes dont j'étais dépourvu. Le reste ne comptait pas. Que Jean-Pierre Naquet, piteux lycéen, redoublât sa seconde moderne ne me donnait en retour aucun atout, aucun privilège dans la vie ou sur la plage de La Nartelle.

Il était déjà une heure de l'après-midi. Les premières familles repliaient leurs draps de bain, roulaient leurs rabanes et reprenaient leurs sacs avant de remonter de la plage.

– Tu m'accompagnes ce soir au *WYC* ? demanda Jean-Pierre à Chantal.

Elle hésita.

Le *WYC*, le *Whisky Yacht Club*, la boîte de nuit sur la plage, près de l'hôtel des Sardinaux, avec son mini-bowling qui venait d'être installé, barrait de son prestige l'horizon mondain de la bande de La Nartelle. Il représentait la limite extrême de la permissivité, des audaces, du luxe que nous pouvions affronter.

– L'heure qui te convient, ajouta Jean-Pierre Naquet, plus pressant.

– Et si rien ne me convient ? lui dit-elle, provocante, alors qu'elle ne savait pas si ses parents lui permettraient d'aller au *WYC* ce soir-là... Et si Frédéric aussi ne veut pas que j'y aille ? ajouta-t-elle après un moment d'hésitation.

De nouveau elle s'approcha de moi, passa son bras autour de mon cou et m'embrassa sur la joue, au coin des lèvres, avec une tendresse un peu affectée.

Jean-Pierre Naquet haussa les épaules. Il finit son Coca.

J'aurais dû répondre au baiser de Chantal, la prendre par la taille, me faire aussi désinvolte, rieur, impertinent que Jean-Pierre. Mais non, je me mis à rougir comme un idiot et à tourner mon verre de Coca sans dire un mot, sans oser me rapprocher d'elle.

Chantal reprit sa place, droite sur son tabouret, entre les deux garçons. Après un moment de silence, elle me dit en persiflant :

– Je te fais peur ?

Je me tournai vers elle et lui souris. Son persiflage ne m'atteignait pas, m'intimidait moins que sa tendresse.

– Oui, dis-je à Chantal, tu me fais peur mais tout de même je voudrais bien te rencontrer un soir, toute seule au coin d'un bois.

J'avais trouvé la réponse. Du reste je n'étais bon qu'à ça : trouver les réponses, parler, faire rire. J'avais entendu dire cent fois que les garçons qui savent faire rire les filles sont les plus redoutables séducteurs. Quelle blague ! J'avais seize ans, je faisais rire les copains et je m'y prenais comme un manche ou plutôt je ne m'y prenais pas du tout pour séduire ou draguer qui que ce soit.

Elle pouffa tout de même. Son orgueil était sauf. De nouveau elle m'embrassa sur la joue, je sentis sa langue qui pointait entre ses lèvres et jouait sur ma peau, et soudain je n'eus plus peur de sa perversité rieuse de jeune fille. Je lui rendis son baiser. Elle ne déroba pas ses lèvres aux miennes.

Jean-Pierre Naquet sauta à terre, nonchalant.

– Je t'appellerai pour ce soir, dit-il à Chantal, comme si de rien n'était.

– Non, je t'appellerai moi… Peut-être…

– O.K. !

Il remonta les marches pour traverser la route nationale et reprendre sa Mobylette.

L'équilibre de mes rapports avec Chantal allait-il se briser ? Allais-je devenir enfin son petit ami, pour de vrai ? Je lui offris un autre Coca-Cola. Le monde se mit à flotter, radieux, comme je ne l'avais jamais connu.

Chantal pivota sur son siège. Elle avait aperçu ses parents qui approchaient.

– À table, lui dit Robert Garnier, on embarque !

Chantal se tourna vers moi, malicieuse et décidée, et puis vers ses parents :

– Frédéric m'a demandé de l'accompagner au *WYC* ce soir, c'est d'accord ?

Robert Garnier ne put saisir l'expression de surprise, d'incrédulité, qui balaya mon visage. Contrarié, il nous regarda l'un après l'autre.

– Tu es d'accord, n'est-ce pas ? insista-t-elle.

Mais sans lui laisser le temps de répondre, elle sauta sur le sol, prit son père et sa mère par le bras et les éloigna du bar.

– Frédéric passera me prendre vers neuf heures, leur dit-elle à voix haute, avant de se retourner vers moi et d'ajouter : D'accord ?

– D'accord, répondis-je dans un souffle.

Je restai seul au bar. Mon assurance me quitta peu à peu. Le *WYC*, oui, mais avec quel argent de poche, et comment, et animé de quelle autorité ? Je paniquai à l'avance.

Un léger ponant s'était levé, qui hérissait la mer de vaguelettes d'un bleu-violet frangé d'une mousse d'écume. Mais la chaleur était toujours aussi intense, cette chaleur d'août bien installée pour les vacances, qui brûlait le sable, faisait trembler les pins parasols de la pointe des Sardinaux et ralentissait les moindres mouvements…

À neuf heures, ce soir-là, je me rendis chez les Garnier. J'avais mille francs en poche, un foulard noué autour du cou, sous ma chemise, je fis carillonner la petite cloche de bronze de l'entrée, j'ouvris le portail, je me glissai comme un voleur entre les deux battants et mes pas crissèrent abominablement sur les graviers roses de l'entrée.

Chantal m'attendait à la porte. Elle posa sur ma bouche un baiser furtif comme une pichenette et elle me prit la main.

– Viens, me dit-elle, ça va peut-être marcher.

Je me retrouvai dans la grande salle de séjour de leur villa. Robert Garnier et sa femme disparaissaient dans d'immenses fauteuils de cuir de style anglais. Ils lisaient *Paris-Match*. De nouveau, la paralysie me gagna devant ce monde que j'observais comme un parvenu, un étranger, un usurpateur. J'aurais voulu leur crier : mais non, il y a erreur, je ne suis pas celui que vous croyez, je ne suis pas l'un des vôtres, je ne fais pas partie des Heureux du Monde!... Mais j'étais incapable d'articuler un seul mot.

– Alors tu veux sortir avec ma fille? me lança Robert Garnier avec une curieuse brusquerie, comme s'il ne savait pas lui-même s'il masquait son irritation sous une jovialité un peu brusque ou son acceptation bienveillante sous un ton simplement bourru.

Que lui répondre?

Je jetai un coup d'œil autour de moi. Les murs du séjour étaient tapissés de tableaux impressionnistes, des Degas, des Monet, et j'étais à cent lieues de soupçonner qu'il s'agissait de reproductions photographiques.

– Je crois, oui, dis-je enfin.

– Alors on y va? s'impatienta Chantal.

Mais son père l'arrêta :

– Un instant!

Et, se tournant vers son épouse :

– C'est ce jeune homme qui sait tout sur le

débarquement du 6 juin… qui n'est pas aussi ignorant que ta fille.

– Ah non, papa, tu ne vas pas recommencer !

Chantal portait une jupe de vichy rose très en forme, un chemisier blanc avec des incrustations de dentelles et un collier de corail. Elle était belle comme une sorcière, une actrice de cinéma, un tourbillon, une héroïne de Saint-Tropez, une jeune fille de bonne famille, je ne savais pas, j'étais disposé à souscrire à tout, à la suivre où elle voudrait.

– Mais si, je vais recommencer, rétorqua Robert Garnier, et cette fois-ci il y avait vraiment de l'irritation ou de l'impatience dans sa voix. Et d'abord je ne suis pas sûr que cette histoire du *WYC* soit vraiment une bonne idée.

– Mais papa, je suis en compagnie de Frédéric !

– Même en compagnie de Frédéric !

– Il sait tout sur le 6 juin !

Robert Garnier sourit un instant.

– Au *WYC*, ce n'est pas indispensable.

Chantal soupira et s'affala sur le canapé, face aux deux fauteuils, face à ses deux parents.

– Dis-leur quelque chose, toi, me lança-t-elle, exténuée.

J'étais resté debout, derrière le canapé, j'en fis le tour et m'appuyai sur l'accoudoir, près de Chantal, face à nos juges.

– Avec tous les disques que vous avez ici, reprit

Robert Garnier. Qu'est-ce que vous pourrez bien trouver de nouveau là-bas ?

– Je t'en prie, Frédéric, répéta Chantal, dis quelque chose, dis-leur quelque chose, n'importe quoi, je renonce !

Elle avait allongé ses jambes devant elle, elle avait fermé les yeux et son visage eut soudain la beauté d'une jeune déesse orientale, cuivré, lisse et énigmatique à jamais.

Je m'apprêtais à prendre la parole, à tenter de convaincre et de rassurer les parents de Chantal, mais soudain tout bascula. Je pris conscience enfin d'un phénomène stupéfiant, scandaleux, invraisemblable, qui m'écrasa, me laissa sans voix, sans volonté, sans rien…

Les parents de Chantal lisaient chacun le même numéro de *Paris-Match*… Parfaitement, le même numéro ! Je ne rêvais pas. J'apercevais ces deux numéros identiques qu'ils avaient posés sur leurs genoux, la même couverture où l'on voyait Martine Carol blonde, souriante, le cou orné d'un collier de fleurs rouges, dans les bras de son amant, de son mari, le Dr Rouveix, qu'elle venait d'épouser à Port-au-Prince, le même exemplaire du samedi 15 août qu'ils avaient acheté deux fois pour pouvoir le lire en même temps.

Qu'avais-je de commun avec les Garnier ?

Le Chris-Craft, le marin, la vitesse, la vigne vierge exubérante sur les murs de leur villa, les tableaux impressionnistes, la Bentley dans le garage, passe encore ! Cette borne frontière-là, je pouvais encore espérer la franchir, passer outre aux intimidations qu'elle supposait. Ce n'était rien en regard de ce luxe inouï, de ce gaspillage désinvolte, de ce caprice de monarque : l'achat des deux mêmes *Paris-Match* à soixante-dix francs l'exemplaire.

Comment aurais-je pu m'opposer à la volonté d'un homme qui avait le pouvoir ou, mieux, la tranquillité d'âme pour acheter deux *Paris-Match* afin que sa femme et lui-même, après le dîner, feuillettent en même temps les mêmes images du voyage du vice-président Nixon à Moscou, de la mort du clown Grock ou du somptueux palais rose de Jayne Mansfield à Hollywood où tout avait forme de cœur, les lits, la piscine, les tables, la salle de bains, tout sauf le siège des toilettes parce que, disait Jayne Mansfield, la nature refusait là de coopérer ?

Oui, je compris à cet instant que la richesse des Garnier définitivement m'excluait, que je ne faisais pas partie d'un tel monde, que je serai incapable d'arracher Chantal à son père, d'affronter l'homme qui achetait deux *Paris-Match* pour ne pas perdre de temps. La vitesse toujours. Et toute ma vie, j'en étais sûr, je me souviendrai du magazine, de sa couverture, du visage souriant et un peu traqué de Martine Carol, de ses lèvres rouges, de son regard imprécis et de son collier de fleurs rouges…

– Restez donc à la maison, nous dit encore Robert Garnier.

Et, après un silence, en se tournant vers sa fille :

– Je crois que Frédéric n'a pas tellement envie d'aller au *WYC*, mais il ne te le dira pas, tu le terrorises.

Je n'avais plus envie d'aller nulle part. Je ne répondis pas. Chantal se leva et fila dans sa chambre en claquant la porte. Son père haussa les épaules, fataliste. Il avait l'habitude. Il me dit encore :

– Allez donc la rejoindre !

J'obéis, je la retrouvai, elle s'était allongée sur son lit. Nous écoutâmes quelques 45 tours : Paul Anka, Ricky Nelson et Frankie Laine. J'essayai de l'embrasser. Elle me repoussa. Je n'insistai pas et rentrai de bonne heure chez moi.

Le lendemain, Jean-Pierre Naquet entraîna Chantal Garnier au *WYC*.

Elle devint sa petite amie.

Pour quelques jours.

Parrainez un enfant du « bout de la rue »

C'est l'innovation de l'association Parrains par mille – Parrainage d'enfance en France *créée en 1990 par Catherine Enjolet.*
Son objectif : offrir des liens affectifs et éducatifs à tout enfant, à tout jeune en manque de repères.
Des adultes, parrains/marraines, désireux de s'impliquer dans le devenir d'un enfant lui apportent le soutien dont il a besoin.
Le maillage de solidarité nationale s'étend chaque année en France et au-delà grâce au développement des « Liens du sens ».

Siège de l'association :
31, rue Planchat 75 020 Paris
Tél. : 01 40 02 02 05
courriel : info@parrainsparmille.org

Avec le soutien du comité d'honneur et de développement Clarins, de Veolia, de la SNCF, de Fortis, de Conforama, de Sofitel, de SolidarCité, du ministère de la jeunesse et des sports, du conseil général de Paris, du conseil régional de Seine-Saint-Denis, du conseil général du Val-de-Marne, de la DASS, la DASES et la CAF de Paris.

TABLE

PARUTIONS RÉCENTES AUX ÉDITIONS PHÉBUS

(extrait du catalogue)

LITTÉRATURE FRANÇAISE

CONSTANCE DE SALM

Vingt-quatre heures d'une femme sensible, roman
Postface de Claude Schopp

JEANNE CORDELIER

La Dérobade, récit

BERNARD OLLIVIER

L'Allumette et la bombe
Jeunes : l'horreur carcérale, document

La Vie commence à 60 ans, récit

CHRISTOPHE MERCIER

Garde à vue, récit

JEAN CHARDIN

Voyages en Perse, récit

ÉMILE GUIMET

Huit jours aux Indes, récit

INGRID THOBOIS

Le Roi d'Afghanistan ne nous a pas mariés, roman
L'Ange anatomique, roman

PIERRE D'OVIDIO

Les Enfants de Van Gogh, roman

CATHERINE REY

Une femme en marche, roman

CLAUDE ANET
La Révolution russe, document
Introduction et annexes par Éric Dussert

NELLY DELAY
Soleil rouge
Chefs-d'œuvre de la peinture japonaise,
Livre d'art

GILBERT GATORE
Le Passé devant soi, roman

CAROLINE RIEGEL
Soifs d'Orient
Du Baïkal au Bengale, I
Préface de Bernard Ollivier

Méandres d'Asie
Du Baïkal au Bengale, II
Présentation de Patrick Filleux
Préface de Ghislain de Marsily

LOUIS-FERDINAND DESPREEZ
Le Noir qui marche à pied, roman policier

ALEXANDRE DUMAS
en société avec
CLAUDE SCHOPP
Hector de Sainte-Hermine
Le Salut de l'Empire, roman

GUILLAUME LEBEAU
La Dernière Guerre, 2008-2011
I. *Pentagone*
II. *Hexagone*

ROGER DE BEAUVOIR

Les Mystères de l'île Saint-Louis, roman
Préface de Xavier Houssin

TERESKA TORRÈS

Une Française libre, 1939-1945, journal
en collection « Libretto »

ZILA RENNERT

Trois wagons à bestiaux
D'une guerre à l'autre à travers
l'Europe centrale, 1914-1946
document
en collection « Libretto »

ALEXANDRE DUMAS

La Guerre des femmes, roman
Texte établi, annoté et préfacé par Claude Schopp
en collection « Libretto »

Le Trou de l'Enfer – Dieu dispose
Texte établi, annoté et postfacé par Claude Schopp
en collection « Libretto »

KIM LEFÈVRE

(France–Vietnam)

Moi, Marina la Malinche, roman
Préface de Gérard Chaliand
en collection « Libretto »

La Métisse blanche, roman
suivi de
Retour à la saison des pluies
en collection « Libretto »

ODETTE DU PUIGAUDEAU

Tagant, récit
Au cœur du pays Maure, 1936-1938
en collection « Libretto »

MICHEL ZÉVACO
Le Chevalier de la Barre, roman
Texte retrouvé et préfacé par Bayon
en collection « Libretto

CATHERINE DE BOURBOULON
Asie cavalière, récit
De Shang-Haï à Moscou, 1860-1862
en collection « Libretto »

PIERRE LOTI
L'Inde (sans les Anglais)
précédé de
Mahé des Indes
Préface de Jean-Claude Perrier
en collection « Libretto »

SERGE FILIPPINI
Deux testaments, roman

FRANÇOISE CLOAREC
Séraphine
ou la rêvée de Séraphine de Senlis

LITTÉRATURE ÉTRANGÈRE

CLARENCE DAY
(États-Unis)
Nous les singes

NANCY REISMAN
(États-Unis)
Désirs humains, roman

MARC BUHL
(Allemagne)
Courir le monde, roman

NEIL BISSOONDATH
(Canada)
La Clameur des ténèbres, roman

BENJAMIN MARKOVITS
(États-Unis)
De l'autre côté de l'hiver, roman

HITONARI TSUJI
(Japon)
La Promesse du lendemain, nouvelles
Pianissimo, pianissimo, roman

KEITH RIDGWAY
(Irlande)
Animals, roman

NINA REVOYR
(États-Unis)
Southland, roman policier

ELIF SHAFAK
(Turquie)
La Bâtarde d'Istanbul, roman
Bonbon Palace, roman

JOSEPH O'CONNOR
(Irlande)
Redemption Falls, roman

REBECCA HARDING-DAVIS
(États-Unis)
De ses mains, roman

LEON ROOKE
(Canada)
Le mieux est l'ennemi du chien, nouvelles

REED FARREL COLEMAN
(États-Unis)
Angle obscur, roman policier

T. & G. BALDIZZONE (Italie) & CLAUDE LEVENSON (Suisse)
Tibet: D'oubli et de mémoire
Livre d'art

ANNE BRONTË
(Angleterre)
La Recluse de Wildfell Hall, roman

ZOË WICOMB
(Afrique du Sud)
Des vies sans couleur, roman

ELIZABETH CRANE
(États-Unis)
Banana Love, nouvelles

GARY INDIANA
(États-Unis)
À louer, roman

KARL-HEINZ OTT
(Allemagne)
Enfin le silence, roman

JOCELYN LIEU
(États-Unis)
Discordances, roman

BORIS PAHOR
(Slovénie)
L'Appel du navire, roman

MICHAEL BRACEWELL
(Angleterre)
Un éternel jeune homme, roman

SUE WOLFE
(Australie)
Ici et à jamais, roman

GIUSEPPE CONTE
(Italie)
L'Homme qui voulait tuer Shelley, roman

RAFAEL SABATINI
(Angleterre)
Scaramouche, roman

LINDA NEWBERY
(Angleterre)
De pierre et de cendre, roman

MARGARET DRABBLE
(Angleterre)
La Mer toujours recommencée, roman

DOUGLAS UNGER
(États-Unis)
Mes frères de sang, roman

JOSEPH SHERIDAN LE FANU
(Irlande)
Les Mystères de Morley Court, roman

TOBY LITT
(Royaume-Uni)
Un hôpital d'enfer, roman

IVY COMPTON-BURNETT
(Angleterre)
Une famille et une fortune, roman

HUGO HAMILTON
(Irlande)
Triste Flic, roman policier

VLADIMIR PIŠTALO
(Serbie)
Millénaire à Belgrade

ALEXANDER KENT
(Angleterre)
Par le fond, roman

Une mer d'encre, roman

Armé pour la guerre, roman
en collection « Libretto »
(Autriche)

JACK LONDON
(États-Unis)
en collection « Libretto »

Une fille des neiges, roman
Préface de Noël Mauberret

Histoires des îles, nouvelles
Préface de Claude Pujade-Renaud

Construire un feu, nouvelles
Préface de Kenneth White

L'Aventureuse, roman
Préface de Gilles Lapouge

Révolution
suivi de
Guerre des classes
Préface de Jack Lang

JACK LONDON & ANNA STRUNSKY
L'amour et rien d'autre,
Correspondance Kempton-Wace, roman épistolaire
Préface de Jeanne Campbell Reesman
Avant-propos par Anna Strunsky Walling
en collection « Libretto »

ABD EL-KADER
(Algérie)
Lettre aux Français
Préface par Antoine Sfeir
Introduction de René R. Khawam
en collection « Libretto »

PRINCESSE CATHERINE SAYN-WITTGENSTEIN
(Russie)
La Fin de ma Russie, journal
en collection « Libretto »

ELIZABETH BOWEN
(Irlande)
Emmeline, roman
en collection « Libretto »

VICKI BAUM
(Autriche)
Lac-aux-Dames, roman
en collection « Libretto »

W. WILKIE COLLINS
(Angleterre)
Profondeurs glacées, nouvelle
en collection « Libretto »

ERSKINE CHILDERS
(Irlande)
L'Énigme des sables, roman
en collection « Libretto »

ELIZABETH GOUDGE
(Angleterre)
La Colline aux Gentianes, roman
en collection « Libretto »

WALTER SCOTT
(Écosse)
Le Talisman, roman
en collection « Libretto »

BORIS SAVINKOV
(Russie)
Le Cheval blême, roman
Journal d'un terroriste
en collection « Libretto »

ABOU-MOUTAHHAR AL-AZDÎ
(Irak)
Vingt-Quatre Heures de la vie d'une canaille

Cet ouvrage
réalisé pour le compte des Éditions Phébus
a été mis en pages par In Folio,
reproduit et achevé d'imprimer
en octobre 2008
dans les ateliers de Normandie Roto Impressions s.a.s.
61250 Lonrai
N° d'imprimeur : 08-3311

Imprimé en France

Dépôt légal : novembre 2008
I.S.B.N. : 978-2-75-290365-5
I.S.S.N. : 0992-5112